Jürgen Boebers-Süßmann

Links und rechts der Renne

Geschichten und Dönekes aus Bochum

Wartberg Verlag

Bildnachweis:
Archiv JBS: S. 5, 8, 39, 47, 48, 67, 72;
Korte: S. 15, 21, 63, 69, 77;
Presse- und Informationsamt der Stadt Bochum:
Titelfoto, S. 18/19, 24/25, 28/29, 32, 33, 34, 36, 40, 42/43, 44,
50/51, 58/59, 78.

Titelfoto: Bongardstraße mit Blick auf die Propsteikirche.

1. Auflage 2009

Satz und Layout: Härtel, Gudensberg
Druck: Hoehl-Druck, Bad Hersfeld
Buchbinder: Büge, Celle

© Wartberg Verlag GmbH & Co. KG
34281 Gudensberg-Gleichen, Im Wiesental 1
Telefon (05603) 93050
www.wartberg-verlag.de
ISBN 978-3-8313-2060-8

Inhalt

Vorwort

Geschichten werden in Bochum, genau wie in jeder anderen Stadt, gerne erzählt. Dass sie auch gelesen werden, beweist der Zuspruch, den mein Buch „Do kass di drop verloten", erschienen 2006, fand. Die dort versammelten Geschichten und Anekdoten aus Bochum stießen bei Alt und Jung auf Anklang. Das Interesse an der Stadt, in der man lebt, ist bei vielen von uns sehr groß. Das gilt zumal für Bochum, eine Stadt, die sich in den fast 700 Jahren ihres Bestehens immer wieder gewandelt hat – vom Ackerbürgerstädtchen über die Montan-Metropole bis zum heutigen Industrie- und Wissenschaftsstandort.

Entsprechend viele „Bochumer Geschichten" haben sich im Laufe der Zeit angesammelt. Allerdings schlummern sie in den Köpfen der Menschen und werden meist nur auf Zuruf und nicht von selbst erzählt. Als Lokaljournalist der WAZ in und für Bochum sind mir in fast 25 Jahren unzählige solcher Geschichten zugetragen worden – über die alte Radrennbahn am Wiesental, über die Entstehung der Ruhr-Uni, vom Alten Brauhaus Rietkötter und dem „Kap Kaminski" bis zum legendären „Molkenmarkt" im Griesenbruch.

Der vorliegende zweite Band meiner „Bochumer Dönekes" möchte als unterhaltsamer Zwischenruf aus dem Leben unserer Stadt verstanden werden; als Lektüre für den Sofortverzehr, als Betthupferl oder für zwischendurch.

Ich wünsche Ihnen viel Vergnügen beim Lesen!

Jürgen Boebers-Süßmann

Der Weltraumprofessor vom Kap Kaminski

Am 21. Februar 2002 nahm Bochum Abschied von seinem „Weltraumprofessor" Heinz Kaminski. Unter der 20 Meter hohen Riesenschüssel des Großteleskops im Radom in Sundern stand der Sarg mit seinen sterblichen Überresten inmitten von Blumenschmuck und Kränzen. Der Ministerpräsident und der Oberbürgermeister der Stadt Bochum erwiesen dem Toten auf den Schleifen ihre Referenz. Neben dem Sarg stand ein Altar mit einem Kreuz und zwei Kerzen. Die Pfarrer Keßler und Schuld von der

Kap Kaminski um 1965. Im Vordergrund erkennt man die Institutsgebäude, im Hintergrund die Kuppelhalle des Radoms.

Ev. Gemeinde Linden hielten die Trauerreden, die mit dem Vaterunser schlossen. Der MGV Glückauf Sundern sang, der Posaunenchor musizierte Getragenes. Ernste Gesichter sah man im Auditorium, als Oberbürgermeister Ernst-Otto Stüber den Verstorbenen als einen „Mann voller Aktivitäten und Willensstärke" lobte und vorschlug, nach dem verdienten „Bochumer Jungen" einen Platz oder eine Straße zu benennen.

Dann war das Ende der Gedenkstunde gekommen: Punkt 12.47 Uhr glitt der Leichenwagen mit dem hellbraunen Holzsarg und dem rot-weißen Blumengebinde aus Nelken und Moosrosen in die doppelt gesicherte Luftschleuse des Radoms. Dumpf schlossen die eisernen Türen hinter ihm. Die vorderen Türen öffneten sich; hinein strömte das Sonnenlicht eines schönen, klaren Spätwintertages. Dann war der Wagen fort. Prof. Heinz Kaminski hatte das Radom, das sein Lebenswerk war, für immer verlassen.

Mit Heinz Kaminski war am 17. Februar 2002 nicht nur der Gründervater und Mentor der Sternwarte Bochum verstorben, sondern auch eine Bochumer Institution, sozusagen eine Bochumer Marke. Über immerhin fast sechs Jahrzehnte hatte Kaminski sein Lebenswerk vorangetrieben. Mit seinem Namen verbindet sich der so plakative wie stolze Begriff „Weltraum-City Bochum" ebenso wie der Ehrentitel „Seher von Sundern", dem sie dem notorischen Sternengucker irgendwann verpasst haben. In seinem 80-jährigen Leben hat Heinz Kaminski viel erlebt: die Weimarer Zeit, den Zweiten Weltkrieg, die Konsolidierung der Republik und den Wiederaufbau seiner Heimatstadt. An all dem nahm der im „Blaubuxen-Viertel", dem Arbeiterquartier Griesenbruch, geborene Kaminski Anteil – engagiert, oft unbequem, immer mit Sendungsbewusstsein.

Die bürgernahe Vermittlung von technischen Entwicklungen, die Gründung des Bochumer Planetariums und der Aufbau des heute noch aktiven „Instituts für Umwelt und Zukunftsforschung" gehen unmittelbar auf den Professor ehrenhalber zurück.

Längst ist das alles so legendär wie Kaminskis Ruf. Woher rührt das? „Weil wir immer die ersten waren", hat er stets betont. Er und sein Team waren die ersten in Deutschland, die 1957 in ihrem selbst eingerichteten „Abhör-Keller" das Piepsen des von den Russen ins All geschossenen ersten künstlichen Satelliten Sputnik 1 hörten – eine Weltsensation. Sie hatten 1969 die Bilder von der Mondlandung fünf Minuten früher auf dem Bildschirm als das Fernsehen, weil sie den Mondflug auf NASA-Frequenz abhören durften. Sie hatten exklusiven Zugriff auf technologische Sensationen, von denen es in den technikgläubigen 60er Jahren nicht eben wenige gab. Und das grenzenlos, trotz einer vom Kalten Krieg in Ost und West gespaltenen Welt.

„Wir waren die ersten", der Satz spinnt sich in Kaminskis Vita in einem fort. 1945 kam er aus dem Krieg zurück und begann gleich, Kurse an der Volkshochschule zu geben. „Geschichte der Astronomie", „Grundlagen der Himmelskunde" oder „Blick ins Weltall" hießen sie. Ein paar Jahre später begeisterte er die Stadt Bochum für die Idee eines Observatoriums zur Himmelsbeobachtung, das dann 1952 auf dem Dach der Schillerschule am Waldring installiert wurde. Später nahm er den Fernsehhersteller Graetz, der damals in Riemke ein Werk unterhielt, in die Pflicht: Es waren Graetz-Mitarbeiter, die nach und nach den legendären „Sputnik-Keller" in Kaminskis Haus in Sundern verkabelten – freiwillig, einfach so, aus der Begeisterung für alles Technische heraus.

1964 folgte der Bau der Tragluft-Kuppelhalle des „Radoms" (=Radar-Dom) mit seiner 20-Meter-Antenne. All das machte das „Bochum Observatory" und seinen eloquenten, umtriebigen Chef weltberühmt. Russische Kosmonauten und US-Astronauten gaben sich im beschaulichen Sundern die Klinke in die Hand. Kaum zu glauben, trotzdem wahr. Es gibt ein Foto, auf dem Kaminski mit niemand Geringerem als John Glenn zu sehen ist, jenem Mercury-Astronauten, der 1961 als erster Amerikaner dreimal die Erde umkreiste.

Hoher Besuch für Prof. Heinz Kaminski (links): 1962 stattete der berühmte Wissenschaftler Prof. Auguste Picard dem Institut in Sundern einen Besuch ab.

„Kap Kaminski" hatten Journalisten die Bochumer Sternwarte genannt, in achtungsvoller Anlehnung an Kap Kennedy/Cap Canaveral, von wo aus die Amerikaner damals ihre Raketen starteten.

Dass Kaminskis Institut mehr war als ein bloßes „Hobby", mag die Tatsache belegen, dass er bereits 1962 in der Lage war, Förderanträge auf den millionenschweren Bau einer Großantenne im Bochumer Süden technisch-wissenschaftlich zu begründen. 1964 war auch das zum Schutz gegen Witterungseinflüsse unter dem Radom verborgene 20-Meter-Teleskop, das von Krupp Rheinhausen gebaut wurde und heute unter Denkmalschutz steht, in Betrieb genommen worden. Damit hatte „Kap Kaminski" tatsächlich und beständig ein „Ohr im All". Und das zuvor ausschließlich über die Schwerindustrie definierte Bochum avancierte damit zur bundesweit beachteten High-Tech-Stadt, zur „Weltraum-City".

Am Ende seines Lebens sprach Kaminski von den euphorischen alten Zeiten mit einem gewissen Abstand. Die Begeisterung der frühen Jahre war verglüht, die Sensation der „Eroberung des Weltalls" angesichts von ständig im Orbit kreisenden Weltraumstationen zu einer Alltäglichkeit geschrumpft. Dafür leuchteten andere Aufgaben auf: So stellt das Institut für Umwelt und Zukunftsforschung heute die über die Riesen-Antenne gefilterten Daten zu für jedermann zugänglichen Bildern der Erde zusammen. Sie zeigen das Klima, die Wassertemperatur, die Vegetation, die Erderwärmung und bezeugen so die (über)lebensnotwendige Pflicht zur globalen ökologischen und sozialen Neuorientierung.

Für Heinz Kaminski, den Querdenker, war das nach 80 Jahren auf dieser Welt übrigens keine allzu verblüffende Einsicht: „Ich suchte die Sterne – und fand die Erde", gab er in seinem letzten Interview zu Protokoll.

Als Karajan am Eistreff dirigierte

An den alten Eistreff kann sich noch jeder Bochumer erinnern. Viele tausend Schlittschuh-Cracks hatten dort zu Disco- oder Schlagerklängen über fast 20 Jahre ihre Runden gedreht. Der Eistreff, mit der angegliederten „Schwalbenschwanz"-Gastronomie, existiert heute nicht mehr. Er wurde 2002 geschlossen und dann abgerissen. Inzwischen stehen auf dem Gelände schmucke Einfamilienhäuser.

Dass das Areal am Steinring auch schon eine bewegte Geschichte vor der Zeit des Eistreffs hatte, wissen nur noch die Älteren. Schließlich reichen die Erinnerungen an die Eislaufbahn, die ein Anziehungspunkt für Kufen-Fans weit über die Stadtgrenzen hinaus war, nur bis in die 1970er Jahre zurück. Damals hatten die Stadtoberen den Eistreff als Freizeitvergnügungsstätte ins Leben gerufen; damals war dies eine Besonderheit, denn als der Eistreff seine Pforten öffnete, waren z. B. die Naherholungsgebiete am Kemnader See noch gar nicht fertig gebaut, und außer dem alten Stadtbad gab es in der Nähe der Bochumer Innenstadt kaum Möglichkeiten zur sportlichen Freizeitbetätigung. Nach dem endgültigen Aus für den Eistreff, das mit nachlassendem Publikumszuspruch und immer höherem finanziellen Unterhaltungsaufwand begründet wurde, ist die städtebauliche Fläche schnell „überplant" worden, um dort die schon oben erwähnten Einfamilienhäuser hochzuziehen. Dabei galt das gesamte Areal schon seit den Nachkriegsjahren als städtebaulich „hochwertig". So wurde es klassifiziert, weil es unbelastet von industriellen Altlasten war und Innenstadtnähe hatte. Vor dem Krieg befand sich hier der städtische Milchhof. In den Wiederaufbau-Jahren, als das gesamte Bochumer Stadtgefüge neu zugeschnitten wurde, wanderte die Groß-Molkerei nach Harpen aus.

Damals schon, im Herbst 1954, war die „Nord-Süd-Börsenhalle", die später als Eistreffhalle umfunktioniert wurde, errichtet worden. Der bekannte Bochumer Architekt Heinz Jentzsch hatte sie für die heute vergessene Nord-Süd-Einkaufsgenossenschaft als „kleine Westfalenhalle" entworfen: ein sechseckiger Bau aus Stahl, Beton und Glas mit einer Deckenstrahlungsheizung und einer 24 Meter messenden Arena. 3000 Personen fanden in dem damals hochmodernen Rundbau Platz. Die Mehrzweckhalle diente nicht nur als Messebau, als Lager- und Ausstellungsfläche für die Einkaufsgenossenschaft, die Lebensmittel- und Großhandelsgeschäfte über Westfalen hinaus belieferte, sondern auch als gefragter Veranstaltungsort. Damals litt Bochum noch unter den Folgen des Bombenkrieges und es gab wenig geeigneten Raum für kulturelle Veranstaltungen und Konzerte.

Über die mit einer Schranke abgesperrten Zufahrt der Nord-Süd-Genossenschaft, durch die Tag für Tag die Lastwagen mit Lebensmitteln rollten, gelangten die Zuschauer über den weiten freien Platz zu der Halle.

Ein abwechslungsreiches Programm wurde in der „Nord-Süd-Börsenhalle" alle paar Wochen geboten, beileibe nicht nur juxige Unterhaltung. Dort gastierte am Sonntag, dem 6. Mai 1955 – man liest es in alten Zeitungsbänden und mag es kaum glauben – niemand Geringerer als der große Herbert von Karajan mit den Berliner Symphonikern. Auf dem Programm standen Haydns „Londoner" und Beethovens 7. Sinfonie sowie Wagners Tristan-Musik. Natürlich war die Veranstaltung ausverkauft, und fiel die Kritik euphorisch aus. „Herrlich, herrlich – mitreißend und grandios!", schallte es aus den lokalen Gazetten. Und: „Bochum hat eine neue Musikhalle von Weltformat!" Gemeint war wirklich die Nord-Süd-Halle, der spätere Eistreff.

Als der Eistreff geschlossen und der Abriss der Halle offen diskutiert wurde, hatte der seinerzeit schon hoch betagte Architekt Heinz Jentzsch noch versucht, seinen Bau für die Nachwelt zu retten, in modernisierter, umgebauter Form, aber in seinem Kern erhalten. Es fruchtete nichts. Den Bochumer Stadtvätern und -müttern galt die Nord-Süd-Halle, keine 50 Jahre nach ihrer Errichtung, als obsolet. Zu verlockend war die Aussicht, auf ihrem angestammten Platz Wohnraum für junge Familien zu schaffen.

Film ab in der Krümmede

Bochums Justizvollzugsanstalt „Krümmede" ist nicht nur ein hoch gesichertes Gefängnis für 750 schwere Jungs, nein, manchmal gibt die Anlage an der Castroper Straße auch die Kulisse für einen „Tatort" ab. Nur die Wenigsten wissen, dass beispielsweise die beiden beliebten TV-Kommissare Max Ballauf und Freddy Schenk hier schon ermittelt haben.

Das Gefängnis als Drehplatz beim Film – das ist für alle Beteiligten stets eine besondere Herausforderung. Denn den Set – also der Ort, an dem die Kameras laufen – erreicht nur, wer zuvor sein Handy und seinen Personalausweis bei dem freundlichen, in der Sache aber strengen Beamten an der Gefängnispforte abgeliefert hat. Dann geht es durch Sicherheitsschleusen und kahle Flure zwischen Dutzenden von Gittertüren hindurch bis auf den inneren Gefängnishof.

Hier spazierten dann besagte Tatort-Hauptdarsteller – Dietmar Bär als Freddy Schenk und Klaus J. Behrendt als Max Ballauf – ein ums andere Mal vor der Kamera auf und ab, probten und mimten ihre Szene. Sie macht dann oft kaum zehn Sekunden im WDR-Tatort aus, und doch geht für das winzige Schnipsel Fernsehfilm beim Dreh schon mal ein ganzer Vormittag drauf.

Was für Profi-Mimen wie Bär und Behrendt Tagesgeschäft ist, bringt etwas Abwechslung in den Alltag des Strafvollzuges – manchmal dürfen sogar ausgewählte Gefangene als Komparsen durchs Bild huschen. Die anderen Häftlinge haben vom Dreh nur mittelbar was: Sie drängeln sich hinter den Fensterscheiben, um einen Blick auf das geschäftige Treiben unten im Hof zu erhaschen. Nicht so einfach, bei den vielen Gittern ... Für die Anstaltsleitung der Krümmede ist der Besuch vom Fernsehen wiederum so außergewöhnlich nicht, sie hat schon öfters ihre Zustimmung für das Erscheinen von Drehteams im Bochumer Knast erteilt. Kommissar Schimanski hat im drittgrößten NRW-Gefängnis schon ermittelt, Balko auch. Vor allem die historischen Jahrhundertwende-Fassaden mit den efeuumrankten Backsteinwänden machen die Krümmede für das stets dem Spektakulären zugeneigte Auge der Kamera interessant.

Die kontrollierte Invasion der Filmleute krempelt den Anstaltsalltag nicht um. Zwar hat die Abteilung Sicherheit und Ordnung einiges zu tun, um den Tagesablauf eines Gefängnisses – von der Wäscheabfuhr bis zum Freigang – um die Dreharbeiten herum zu organisieren, aber man kann den Betrieb ja schlecht einstellen, nur weil die „Fernseh-Fritzen" kommen. Dass dies gewiss nicht passiert, belegt schon die so pausenlose wie typische Geräuschkulisse der Krümmede – das ewige Schlüsselklappern der Schließer und das Knallen der Metalltüren, die zwischen jedem Gang, jedem Stockwerk, jedem Flur auf- und zugesperrt werden müssen.

Und das geht schon seit vielen Jahrzehnten so. Der Bochumer Knast ist mit seinen 750 Haftplätzen für erwachsene Männer nicht nur eine der größten geschlossenen Anstalten in Nordrhein-Westfalen, sondern auch eine der ältesten. Seit 1897 werden hier Gefangene untergebracht. Die pittoresken Backsteinfassaden der Hafthäuser sind Überbleibsel aus der Wilhelminischen Zeit und stehen heute unter Denkmalschutz. Aber auch die meisten Hafträume im Altbau sind nach wie vor auf dem Stand der Jahrhundertwende. Außer dem Einbau von Toiletten, Strom und Satelliten-TV-Empfang hat sich technisch und baulich wenig verändert. Die niedrigen Holztüren sind dieselben wie zu Kaisers Zeiten, die extra kleinen Fenster, durch die man den Himmel nicht sieht, auch. Mithin ganz

Blick in eine der engen Zellen im Altbau der Krümmede. Sie stammen noch aus der Gründerzeit des Gefängnisses.

und gar kein „Luxus-Knast" für die Strafgefangenen, von denen die meisten Rückfalltäter mit einer längeren kriminellen Karriere sind.

Mögen die baulichen Voraussetzungen auch noch beinahe dieselben sein wie anno dazumal, der Umgang mit den Gefangenen und die Haftordnung des Strafvollzuges haben sich sehr geändert seit jenem Freitag, dem 1. Oktober 1897, als der Oberstaatsanwalt Irgahn der Stadt Bochum mitteilen ließ, „dass ich heute das Centralgefängnis zu Bochum eröffnet und in Betrieb gesetzt habe". Wie es viele Jahre lang in der Krümmede zuging, mag folgender Auszug aus der Dienst- und Vollzugsordnung vom 1. Dezember 1961 belegen (sie wurde erst zehn Jahre später aufgehoben): „Betritt ein Bediensteter den Haftraum, so hat der Gefangene seine Beschäftigung zu unterbrechen, sich zu erheben und eine ordentliche Haltung einzunehmen." Der Häftling stand dann stramm unter dem Fenster – also in größtmöglicher Entfernung – und nannte unaufgefordert Namen, Straftat und Haftdauer. Der Bedienstete des allgemeinen Vollzugsdienstes (es gab im Gegensatz zu heute nur Männer) trug eine paramilitärische Uniform mit goldenen und silbernen Sternen auf den Achselstücken und goldenen Knöpfen. Er behielt selbstverständlich immer seine Mütze auf. Die Abschaffung dieser Uniform ging seit den 1970er Jahren einher mit der Einführung eines zivileren Umgangs miteinander und der Demokratisierung und Öffnung des Strafvollzuges. Die Wiedereingliederung der Häftlinge in die Gesellschaft nach Verbüßen ihrer Strafe ist heute oberstes Ziel.

Dass ein so großes Zentralgefängnis wie die Krümmede mehr Interesse auf sich zieht als ein kleiner Dorfknast, mag unter anderem eine vertrauliche Anfrage belegen, die die Stadt Hamm in Westfalen bereits im Februar 1902 an die Stadt Bochum richtete. Gebeten wurde um „Erläuterung der Vorteile, welche der Bau eines Centralgefängnisses gebracht habe". Das Antwortschreiben enthielt dann allerdings ausschließlich eine Aufzählung der Nachteile und Kosten, „welche die Stadt Bochum durch den Bau eines Centralgefängnisses hat". Der Behördenbrief schließt mit dem Satz: „Wir rechnen hernach ein Centralgefängnis keineswegs zu den Instituten, die einer Stadt Vortheile bringen."

Auf dem „Molkenmarkt" im alten Griesenbruch

Im dicht besiedelten Griesenbruchviertel, zwischen Anna- und Metzstraße, liegt der Springerplatz, einst der größte Marktplatz Bochums. Er erhielt seinen Namen nach dem Zweiten Weltkrieg zum Gedenken an den Redakteur Karl Springer, der vor 1933 Bochumer Stadtverordneter war und von den Nazis in den Tod getrieben wurde.

Vorher hieß er Moltkeplatz, aber diesen Namen hat im alten Bochum niemand gebraucht. Offenbar war der Name des preußischen Heerführers von Moltke, der bekanntlich im deutsch-französischen Krieg 1870/71 eine tragende Rolle spielte, für Bochumer Zungen in der Aussprache wohl zu schwer gewesen. Jedenfalls sprach alle Welt immer nur vom „Molkenplatz" – und diese verballhornte Bezeichnung hat sich bei der alten Bochumer Bevölkerung bis auf den heutigen Tag erhalten.

Fotografien des Moltkemarkts aus den frühen 1920er Jahren zeigen den Platz in seiner ganzen Größe und Ausbreitung, von der Anna- bis zur heutigen Bessemerstraße. Er wurde in den Gründerjahren nach 1870 angelegt und hatte von Anfang an eine starke Anziehungskraft. Hier war immer viel Betrieb. Hier trafen sich die Schützen und Feuerwehrleute. Sogar ein Steigerturm war zu Brandschutz-Übungszwecken angelegt worden. Vieh- und Jahrmärkte wurden abgehalten, und während die Pferde an der Pferdetränke des Marktplatzes gut aufgehoben waren, suchten und fanden ihre Besitzer in den umliegenden Wirtschaften und Vergnügungsetablissements Zerstreuung. (Übrigens erinnert ein in den 1990er Jahren aufgestellter Pferdebrunnen heute noch an diese Zeit.)

Wer etwas erleben wollte, kam am Moltkemarkt immer auf seine Kosten. Varieté-Vorführungen, Damenring-

Straßenszene am Moltkeplatz aus den 1920er Jahren. Heute erinnert nichts mehr an die stattlichen Gründerzeitbauten.

kämpfe, Hungerkünstler, der „Eisenkönig Breitbart" und wie sie sich nannten, sorgten in den Bierschwemmen und Unterhaltungslokalen schon für die nötige Abwechslung. Das war auch geboten, denn der Alltag der Menschen, die rund um den Moltkemarkt lebten, war geprägt von der Schwerstarbeit auf den Zechen und im benachbarten Bochumer Verein, einem der größten Eisen- und Stahlwerke Europas.

An beiden Enden des Platzes standen vor dem Krieg große Kandelaber und Toilettenanlagen, wie man sie bei uns heute nirgendwo mehr sieht. Links vom Platz bog, wie heute noch, die Adolfstraße ab. Die Straße in der Mitte links war und ist die Antoniusstraße mit der katholischen St.-Antonius-Kirche, deren Turm heute wie gestern den Springerplatz überragt.

Die Häuser am Moltkemarkt wurden alle von Bomben schwer zerstört und präsentieren sich nach dem Wiederaufbau als schlichte einteilige Randbebauung. Vor dem Krieg hatten die Häuser meist noch Hinterhöfe. Hier fanden viele Kostgänger, Schlafburschen, welche die Stuben und Betten stundenweise „im Schichtdienst" belegten, billiges Logis. Wenn das Geld für Fleisch knapp war, kauften die Frauen auch gerne beim Pferdemetzger das günstigere, weniger hochwertige Pferdefleisch, „Trabtrab" genannt.

Der Griesenbruch mit seinem Moltkemarkt war in Bochum auch unter dem Begriff „Blaubuxen-Viertel" bekannt, weil hier fast ausschließlich Arbeiter mit ihren Familien lebten. Die blauen „Buxen", also die Arbeitshosen der Werktätigen, waren ein auch äußerlich eindeutiges Zeichen von Klassenzugehörigkeit und -bewusstsein. Schließlich wurde der aus grobem Drillich gewobene „Blaumann" in den Fabrikhallen, den Stahlwerken, den Essen und Gießereien von den Arbeitern getragen. Die Arbeiterschaft war eine besondere Klientel, rau, aber herzlich, zupackend und, wenn es sein musste, auch zuschlagend. Es gibt unendlich viele Schnurren aus dem alten Griesenbruch von Typen und „Härzkes", die dort ihr Wesen trieben. Ein bisschen muss das so gewesen sein wie Zilles „Milljö" in Berlin. Auch in Bochum spielte sich das Leben noch oft auf der Straße ab, die Leute waren wohl ruppig, aber immer auch Originale, so wie Hannes Brakelsberg, Tagelöhner und „Rohrleger". Rohrleger war indes nicht sein Beruf, vielmehr wurde er von allen so genannt, weil er und die anderen „Arbeitsscheuen" den ganzen Tag damit verbringen konnten, mit verschränkten Armen auf den Stahlrohren der Platzeinfassungen des Moltkemarktes zu lehnen und Pläuschchen zu halten.

Besagter Brakelsberg hat sogar in einem früher ziemlich populären Lied Erwähnung gefunden. Es lässt in Sprache, Ausdruck, Beschreibung und Stimmung den alten Molkenplatz aufleben.

Der Springerplatz bietet heute einen ganz anderen Anblick als vor dem Krieg. Aber der Wochenmarkt findet dort immer noch statt.

Das Lied vom Molkenplatz

1. Strophe

Geht man des Abends so allein
auffe Renne promenieren,
da sieht man wie die Pärchen sich
mit den Augen schwer poussieren.
Auch ich sprach neulich eine an,
und denk, ach schmeisste dich mal ran.
Und fragte sie so nebenbei,
ob sie auch von Bochum sei?
Da sagte sie, Jawohl, mein Schatz,
ich wohne doch am Molkenplatz.
Kennze mich denn nich'?

Refrain

Ich wohne doch bei die da an den Molkenplatz,
am Molkenplatz, am Molkenplatz.
Ich wohne da gar fein, für mich so ganz allein.
Ich wohne doch bei die da an den Molkenplatz,
am Molkenplatz, am Molkenplatz.
Ich wohne da gar fein,
ich lade Dich für morgen ein.

2. Strophe

Am andern Tag, ich ging dahin.
Auf der Treppe blieb ich stehen.
Da hörte ich schon den Klamauk,
trau' mich nicht, dort rein zu gehen.
Der eine sagte, Mensch mach kein Peetz! –
Klatsch!, da hatter ein vorm Deetz.
Der andre sagt, Du bist bestusst,
hau dem Pollack ein vorm Schlips.
Auf einmal wurd' mir alles klar,
da wusste ich, woran ich war.
Einer rief ganz laut:

Refrain

Da komm' Se aber richtig hier am Molkenplatz,
am Molkenplatz, am Molkenplatz.
Da musse Dich stickes benehm'n,
sonz hasse sofort 'n paar kleem.
Da komm' Se aber richtig hier am Molkenplatz,
am Molkenplatz, am Molkenplatz.
Da musse Dich stickes benehm'n,
sonz hasse schon sofort 'n paar kleem.

3. Strophe Auf der Marienstraße traf ich sie,
datt kleine Killefitt-Lieschen.
Sie war so dick und kugelrund,
sah aus wie ein Radieschen.
Mit diesem molligen Gartenzwerg
poussiert der Hannes Brakelsberg.
An den durft' ich mich nich' getraun,
sonz hätt' er mich schwer verhauen.
Ich sachte doch, ach Mädchen schön,
sach' ma, willze mit mich geh'n?
Da zeigte sie bloß doof.

Refrain Ich geh nur mitti Jungens hier vom Molkenplatz,
vom Molkenplatz, vom Molkenplatz.
Aber keinen so wie Sie, Sie ham' ja keine „Marie".
Ich türm' nur mitti Seegers hier vom Molkenplatz,
vom Molkenplatz, vom Molkenplatz.
Aber keinen so wie Sie, Sie ham' ja keine „Marie".

4. Strophe Ihr denkt gewiss jetzt alle schon:
Hör auf mit Deinem Strunzen.
Du willst wohl unsern Molkenplatz
total und ganz verhunzen?
Ach nein, das liegt mir völlig fern,
dazu hab ich ihn gar zu gern.
Denn da kommen Kerls, so groß und stramm,
am Maiabendfest zusamm'.
Was meint Ihr, wenn's nach Harpen geht,
wo der Molkenplatz dann steht?
Direkt ganz vorne dran!

Refrain Denn die 1. Kompanie,
die kommt vom Molkenplatz,
vom Molkenplatz, vom Molkenplatz.
Alles Kerls so groß und stramm,
an denen ist was dran!
Denn die 1. Kompanie,
die kommt vom Molkenplatz,
vom Molkenplatz, vom Molkenplatz.
Alles Kerls, so groß und stramm,
ja, an denen is' watt dran!

(mündlich überliefert)

Inzwischen erinnert am heutigen Springerplatz nichts mehr an die alten Zeiten. Auch die Dichte der Lokalitäten hat schwer gelitten. Heute gibt es noch zwei Pizzerien und eine Imbissstube mit dem schönen Namen „Hexenkessel". Selbst die Maischützen von der 1. Kompanie ver-

Blick auf den Moltkeplatz mit dem Steigerturm der Feuerwehr, um 1912.

sammeln sich nicht mehr wie früher zum Marsch nach Harpen auf dem Springerplatz. Donnerstags wird allerdings wie in alten Tagen ein – wenn auch viel kleinerer – Wochenmarkt abgehalten.

Eine Universität für Bochum

Wie die Ruhr-Universität nach Bochum kam – das ist nicht nur eine Erfolgsgeschichte, sondern auch eine Abenteuer-Story mit einem Schuss politischer Ränke und einer Portion Dusel.

In den späten 1950er Jahren rollte das westdeutsche Wirtschaftswunder auf vollen Touren, und nachdem die ökonomischen Verhältnisse sich positiv entwickelt hatten („Wohlstand für alle"), war als nächstes die Bildungslandschaft dran. Fast 15 Jahre nach dem Krieg war klar geworden, dass nun auch das Ruhrgebiet, wie alle anderen Ballungsregionen der Bundesrepublik, um eine eigene Hochschule nicht länger „herumkommen" würde. Obschon das Ruhrgebiet spätestens seit Beginn des 20. Jahrhunderts nicht nur zu DER Industrieregion des Reiches, sondern auch zu dessen Ballungsraum aufgestiegen war, hatte eine Hochschule zwischen Duisburg und Dortmund nie eine Chance gehabt.

Schon im Kaiserreich nahm man von dem Gedanken Abstand, weil die konservative Monarchie sich im „roten", also von Kommunisten und Sozialdemokraten, aber auch von der katholischen Zentrumspartei dominierten Arbeiterrevier auf keine möglicherweise staatsgefährdenden gesellschafts- und bildungspolitischen Experimente einlassen wollte. „Keine Kasernen und keine Universitäten an der Ruhr!", lautete die Maxime schon zu Zeiten von Wilhelm II. Und dabei blieb es auch während der Weimarer und der Nazi-Zeit. Und so kam es, dass die vom Ballungsraum Ruhr aus am nächsten zu erreichenden Hochschulen in Köln und Münster lagen. Sie waren überfüllt. Da das Funktionieren einer Demokratie nicht nur vom gesellschaftlich-wissenschaftlichen Fortschritt, sondern mindestens ebenso sehr von der Bildung möglichst breiter Bevölkerungsschichten abhängt, sah die Politik Ende der 1950er Jahre Handlungsbedarf. Entsprechend hatte sich der damals von der CDU unter Ministerpräsident Meyer geführte nordrhein-westfälische Landtag in Düsseldorf im Mai 1960 entschlossen, eine Hochschule im Ruhrgebiet zu errichten. Die Frage war nur: Wo?

Dortmund machte sich seit langem Hoffnungen auf eine „Technische Hochschule Ruhr", allerdings war schon in den ersten Denkschriften, die um 1960 in der Landeshauptstadt Düsseldorf entstanden, stets von der Gründung einer „Hochschule im westfälischen Raum" die Rede; also ohne expressis verbis eine Kommune zu benennen. Das war ein kleiner, aber feiner formeller Unterschied, der Bochum überhaupt erst als potenziellen Standort ins Spiel brachte.

Wie heute angenommen wird, beginnt Bochums Hochschulzukunft im Sommer 1960, genau am Nachmittag des 18. August 1960, als NRW-Staatssekretär Ludwig Adenauer im Bochumer Rathaus vorstellig wurde. Der Grund: Die Ministralen in Düsseldorf waren auf ein großes Freigelände in Querenburg aufmerksam geworden, das der Bochumer Flächennutzungsplan schon seit den 1920er Jahren als Baugrund für eine Gartenstadt-Siedlung vorgesehen hatte. Die Fläche an den Hängen der Ruhrberge war weitläufig genug, um eine zentrale Hochschule – gedacht war an 20 000 Studienplätze – für das Ruhrgebiet aufzunehmen.

Am 2. September 1960 reiste eine Delegation mit dem Bochumer Oberbürgermeister Fritz Heinemann (SPD) zu Geheimgesprächen an den Rhein. Der OB erklärte Bochums grundsätzliches Einverständnis, bat aber um Diskretion. Der Sozialdemokrat Heinemann wollte keine Debatte um den Uni-Standort vom Zaun brechen, da nämlich die

Luftaufnahme der im Bau befindlichen Institutsgebäude Mitte der 1960er Jahre.

Düsseldorfer Landtags-Fraktion seiner Partei auf Dortmund als Hochschulstadt eingeschworen war. Damit war die Bochumer SPD in der Zwickmühle: Einerseits sehnte sich die von Zechenstilllegungen und Arbeitsplatzverlust geplagte Kommune nach der als Jahrhundert-Investition verstandenen „Universität des Ruhrgebiets", gleichwohl galt es, die Parteiräson des Landes-NRW nicht zu unterlaufen.

Doch auch die (oppositionelle) CDU im Bochumer Rathaus strickte mit am „Projekt Universität", das den hiesigen Christdemokraten, auf Grund der Düsseldorfer Regierungsmannschaft ihrer Partei, natürlich nicht verborgen geblieben war. Über das Büro des Bochumer Anwalts Josef H. Dufhues, der damals der CDU-Innenminister von NRW war, war auch Bochums CDU-Fraktionschef Prof. Wolfgang Brüggemann stets bestens informiert.

Zum entscheidenden Tag in der Auseinandersetzung um den Uni-Standort Ruhr wurde schließlich der 18. November 1960. An diesem Freitag hatte Kultusminister Werner Schütz – so der WAZ-Bericht vom nächsten Morgen – „Bochum oder Dortmund" öffentlich als Standort genannt. Das brachte Dortmunds OB Keuning (SPD) auf den Plan, er setzte für den 21. November eine Pressekonferenz an, um die Ansprüche seiner Stadt zu bekräftigen. In Bochum waren OB Heinemann und sein Oberstadtdirektor Petschelt – beide SPD – nun in einer prekären Situation: Sie wollten sich aus besagten taktischen Gründen (und aus solchen der Partei-Räson) noch nicht öffentlich erklären.

So kam es zu der grotesken Situation, dass zeitgleich mit der Dortmunder Pressekonferenz des SPD-Oberbürgermeisters Keuning auch eine Jounalistenrunde in Bochum stattfand – die allerdings von CDU-Fraktionschef Brüggemann einberufen worden war! Das heißt: Die Zeitungen und Radiostationen interviewten für Dortmund den dortigen Oberbürgermeister Keuning (SPD), aber für das ebenfalls SPD-geführte Bochum sprach niemand aus der kommunalen Spitze, sondern der Führer der örtlichen Opposition. Die Bochumer Genossen waren auf einmal durch ihr Zaudern ins Hintertreffen geraten, und es schien nun so, als ginge ihnen die kommunalpolitische Initiative ab.

Freilich war, wie man heute weiß, Brüggemanns beherzter Presseauftritt durch „höhere Stellen", also unmittelbar durch Mitglieder der CDU-Landesregierung, gedeckt. Die Entscheidung für Bochum war in Düsseldorf offenbar längst gefallen, wenn auch noch nicht verkündet. Übrigens: Brüggemanns Alleingang hatte die Bochumer SPD so provoziert, dass sie nach der gewonnenen Kommunalwahl 1961 der CDU nicht mal mehr den 3. Bürgermeisterposten zugestand.

Als der Bochumer Hauptausschuss sich am 26. November 1960, angesichts der einige Tage zuvor eingetretenen Situation, genötigt sah, Bochums „Ja!" zur neuen Uni zu verkünden, „waren meine politischen Freunde und ich hoch erfreut. Das von der SPD gefürchtete, von uns angestrebte Politikum war plötzlich da!", notierte Brüggemann in seiner 2002 erschienenen Autobiographie „Anfänge und Übergänge".

In den Monaten bis zur endgültigen Landtagsentscheidung, die am 18. Juli 1961 fiel, wurde das Thema „eine Universität für Bochum" zum beherrschenden Thema. In der Stadt, der im gleichen Jahr auch der Coup der Opel-Ansiedlung gelungen war, machte sich eine heute kaum mehr vorstellbare Euphorie breit. Der Strukturwandel schien gemeistert.

Nach nur dreijähriger Bauzeit nahm die Ruhr-Universität Bochum (RUB) 1965 die Arbeit auf. Heute sind auf dem Campus 2500 Angestellte beschäftigt und rund 30 000 Studierende immatrikuliert.

*Auf den Feldern von Stiepel eggt 1963 der Bauer, auf den Ruhr-
höhen wächst die moderne Universität empor.*

Die Ruhr-Uni ist übrigens eine der wenigen in den
1960er und 1970er Jahren vollzogenen Hochschul-Neu-
gründungen der Bundesrepublik, die neben der Ortsbe-
zeichnung auch einen Namen tragen. Mit dem Zusatz
„Ruhr" sollte die Verbundenheit zur Region, aber auch
der Anspruch, eine Uni für das ganze Revier zu sein, dokumentiert werden. Begonnen hatte die Namensfindung
schon 1960 mit der Frage, wo die Hochschule errichtet
werden sollte. Damals war von der „Hochschule als wis-
senschaftlicher Forschungs- und Lehrstätte im westfä-
lischem Raum" die Rede; ein Bandwurm-Titel, der von
vornherein keine Aussicht auf Übernahme hatte. Erstmals tauchte in einer Kabinettsvorlage im November 1960

der Name „Ruhr-Universität" auf. Auch der CDU-Rats-
fraktions-Chef Brüggemann sprach auf der legendären
Pressekonferenz von der „Ruhr-Universität", während
der erste WAZ-Artikel zum Thema am 22. November 1960
mit „Ruhrgebiets-Universität wird bald spruchreif" über-
titelt war. Mit der Landtagsentscheidung für den Standort
Bochum vom 18. Juli 1961 wurde anstelle zuvor benutzter
umständlicher Formulierungen wie „Ruhrgebietshoch-
schule" der Name „Ruhr-Universität Bochum" festgelegt.
Heute ist das Kürzel RUB ein Gütesiegel und die Ruhr-
Uni die größte Hochschule im Revier. 2010 sollen ihre
Leistungen und Anstrengungen in Forschung und Lehre
mit dem Titel einer „Exzellenz-Uni" geadelt werden.

*Besuch von Willy Brandt, damals Regierender Bürgermeister
von Berlin, auf der Baustelle der Ruhr-Uni 1964.*

Im Fackelschein erwachte der Terror

Alles in Bewegung, alles war auf der Straße, die Straße war überhaupt niemals leer. Und am Abend die Fackelzüge ... eine Begeisterung ..., das konnte man sich gar nicht vorstellen." So erinnerte sich Fritz Claus (1905–1985), der spätere SPD-Oberbürgermeister an jenen Montag, den 30. Januar 1933, der nicht nur seine Heimatstadt Bochum veränderte. Es war der „Tag der Machtergreifung" in Deutschland durch die NSDAP.

Damals war Claus 27 Jahre alt, Maschinensetzer und Aktivist der „Eisernen Front", die von den Gewerkschaften und den demokratischen Organisationen gegründet worden war als „Abwehr des Nationalsozialismus in der

Aufmarsch des Reichs-Arbeitsdienstes vor dem Bochumer Rathaus. Wie jede andere deutsche Stadt war Bochum in kürzester Zeit „braun" geworden.

letzten Stunde". Aber sie hatte keine wirkliche Chance mehr. Bald stürmte auch in Bochum die SA die Arbeiterquartiere, auf der Suche nach missliebigen Personen – Kommunisten, Sozialdemokraten, Gewerkschaftern.

Es war ein schlimmes Wüten. Das NS-Regime hatte von Anfang an auf Terror gesetzt; die SA eroberte die Straße, verschaffte sich mit brutalster Gewalt Respekt. Die SA-Männer waren meist Arbeitslose, die von der Partei eingekleidet und verpflegt wurden. Sie konnten jederzeit und überall eingesetzt werden. Zwar hatte die NSDAP Ende Januar 1933 keine eigene Mehrheit im Bochumer Stadtrat, und selbst die Kommunalwahl im März brachte der NSDAP hierzulande lediglich 39,4 Prozent, aber die Mehrheit wurde dann mit Gewalt hergestellt. Die kommunistischen Ratsmitglieder konnten nicht mehr zu den Sitzungen erscheinen, und die Sozialdemokraten wurden aus den Versammlungen 'rausgeprügelt. Die Widerstandskraft des politischen Gegners erlahmte bald. In den Wochen nach der „Machtergreifung", vor allem infolge des im April 1933 erlassenen „Gesetzes zur Wiederherstellung des Berufsbeamtentums", mussten die Angehörigen der republikanischen Parteien und der Gewerkschaften ihre Ämter räumen.

Prominente Opfer in Bochum waren zum Beispiel Heinrich König, der Vorsitzende der Bochumer SPD, und Fritz Husemann, Reichstagsabgeordneter und Vorsitzender des „Alten Bergarbeiterverbandes". Beide wurden auch später noch von den Nationalsozialisten verfolgt. König, der nach Frankreich emigrieren konnte, wurde im Frühjahr 1943 von der Gestapo verhaftet und nach Bochum gebracht. Am 7. Mai 1943 starb er an den Folgen der Gestapo-Folter im Bochumer Gerichtsgefängnis. Fritz Husemann kam im April 1935 ins KZ Esterwegen, wurde schwer misshandelt und nach wenigen Tagen, wie die

Nazis behaupteten, „auf der Flucht erschossen". Die Verfolgung Andersdenkender setzte sich in den Vereinen fort. Bis hin zum Bienenzuchtverein wurden nach und nach Vorsitzende mit NSDAP-Parteibuch eingesetzt. Die politische Macht wurde aber auch symbolisch eingefordert: Am 12. April 1933 wurde Hitler zum Bochumer Ehrenbürger erhoben. Straßen und Plätze hießen fortan nach Nazi-Größen und -Institutionen. Aus dem Kaiser-Friedrich-Platz wurde der „Platz der SA" (heute Imbuschplatz), aus der Kanalstraße die Horst-Wessel-Straße (heute Nordring).

Fritz Claus hatte nach den Ereignissen des 30. Januar 1933 Konsequenzen ziehen müssen, die sein weiteres politisches Leben nachhaltig prägten: Nach den Fackelzügen

Im März 1933 gingen die Nazis gegen die Gewerkschaften vor. SA-Leute vor dem ehemaligen Gewerkschaftshaus an der heutigen Universitätsstraße, das sie in „Hermann-Göring-Haus" umbenannt hatten.

„...bin ich dann nach Hause gegangen, und sage zu meiner Frau: Also wir müssen unbedingt etwas tun, es kann ja nicht so weitergehen. Es ist weit genug gekommen, aber wir wollen uns doch entschließen, jetzt in der Illegalität weiterzuarbeiten", schreibt er in seinen Lebenserinnerungen. Claus hat den braunen Terror überlebt. Viele andere, die gegen den Hitler-Staat waren, nicht.

Am Rande der Innenstadt liegt heute der nach dem NS-Widerstandskämpfer und Vorsitzenden des Gewerkvereins Christlicher Bergarbeiter Heinrich Imbusch (1878–1945) benannte Imbuschplatz: ein unscheinbares Karree zwischen unscheinbaren Nachkriegsbauten. Die marode Trinkhalle auf der Platzmitte gammelt seit Jahren vor sich hin, rechter Hand steht wuchtig das Kloster neben dem St.-Vinzenz-Kinderheim. Ansonsten ist hier nicht viel los. Es ist ein seltsames Gefühl, sich vorzustellen, wie dieser Platz am Abend des 9. Juni 1933 ausgesehen haben mag. Damals hieß der Imbuschplatz noch Kaiser-Friedrich-Platz, und er bot an diesem regnerischen Freitag ein – aus heutiger Sicht – gespenstisches und beängstigendes Schauspiel. Umsäumt von tausenden Schaulustigen flammte ein Feuer, drumherum standen Jugendliche in der Uniform der Hitler-Jugend, Lehrlinge des Bochumer Vereins und der Zechen, Mitglieder der ev. Jugendverbände, viele Schüler. Sie standen und warfen Bücher und Zeitungen in die lodernden Flammen: Bücher von Karl Marx, Friedrich W. Foerster, Carl von Ossietzky, Kurt Tucholsky, Alfred Kerr, Thomas Mann und Magnus Hirschfeld. Dazu Bände von linksliberalen und kommunistischen Zeitungen, deren Erscheinen längst verboten war. Auch die Büchereibestände der Ruhrknappschaft, der Bochumer Schulen und der Stadtbücherei – von den Nazis bereits „gesäubert" – flogen ins Feuer. Ein Hitler-Junge legte das Bekenntnis zur Partei ab: „Wir deutsche

Jugend der nationalsozialistischen Revolution bekunden an diesem Abend unseren festen Willen, allen undeutschen und volksfremden Geist auszurotten ... Zu Asche zerfallen sollen die Schriften des Ungeistes, der Unmoral und der Charakterlosigkeit."

Und Tausende hörten es und sahen zu, und selbst wenn sie nicht applaudiert haben sollten, so blickten sie doch offenbar mit Zustimmung auf die Flammen, die verführte Jugendliche entzündet hatten; „Flammen, die den kritischen Geist in Deutschland zerstören sollten", wie Stadtarchivar Dr. Johannes Volker Wagner in seinem Standardwerk „Bochum unterm Hakenkreuz" schreibt.

Der beschämende Anblick des Scheiterhaufens am 9. Juni 1933, auf dem nicht nur das Schaffen frei denkender Schriftsteller, sondern die regimekritischen Intellektuellen selbst diskreditiert wurden, war ein Bochumer Nachvollzug der ersten NS-Propaganda-Aktionen jener Art. Sie waren einen Monat zuvor, am 10. Mai 1933, in Berlin und anderen Universitätsstädten inszeniert worden, um „entartete" Literatur dem Feuer zu übergeben, sprich: auszulöschen.

Heute erinnert auf dem Imbuschplatz wenig an die Geschehnisse von damals, nur eine Gedenktafel für den Namensgeber ist zu finden. Seltsam, sich diesen zugeparkten Platz – irgendwie Niemandsland mitten in der Stadt – vorzustellen, wie er vor über 75 Jahren, am regnerischen 9. Juni 1933, ausgesehen haben mag. Als in der Mitte des Platzes knisternd und gefräßig die Flammen züngelten. Als der Geruch von Feuer sich mit der nassen Luft vermischte. Als die so beängstigende wie hellsichtige Prophetie Heinrich Heines auch für Bochum Wahrheit zu werden begann: „Dort, wo man Bücher verbrennt, verbrennt man am Ende auch Menschen."

Auf der Drehscheibe

Die Drehscheibe, mitten in der Innenstadt gelegen, kennt in Bochum jeder. Tatsächlich war die Kreuzung Kortumstraße/Bongardstraße schon zwischen den Kriegen eine der meist frequentierten Bereiche der Stadt – der Name „Drehscheibe", den der Volksmund dieser von Passanten, Straßenbahnen, Fuhrwerken, Lastwagen und Automobilen belebten Straßenkreuzung verpasste, passt also haargenau. Die Stelle, an der die Drehscheibe sich befindet, ist stets ein zentraler Punkt gewesen: Die von Süden nach Norden verlaufende Kortumstraße (genannt „Die Renne") mit ihren vielen Geschäften zog schon immer die Käufermassen an; hier war seit alters her auch der Schnittpunkt der Ost-West-Durchfahrt, die Langendreer und Altenbochum mit Stahlhausen und dem Bochumer Verein verband. Auch alle Straßenbahnlinien, die vom alten Hauptbahnhof herkamen, überquerten die Drehscheibe.

So präsentierte sich die Drehscheibe auf einer Ansichtskarte aus den 1910er Jahren.

Der Autoverkehr nahm mit dem starken Anwachsen der Industriestadt Bochum spätestens ab den 1920er Jahren stetig zu. Er war auch der Grund, warum zu Beginn

Großstädtisch: In den 1930er Jahren war die Drehscheibe der Verkehrsknotenpunkt in Bochum. Über der Kreuzung ist die im Text erwähnte Heuer-Ampel zu sehen.

der 1930er Jahre auf der Drehscheibe Bochums erste Verkehrsampel angebracht wurde. Diese Hängeampel – die übrigens vor einiger Zeit als nostalgisches Schmuckstück auf ihren alten Ankerplatz hoch über der Straße zurückkehrte – war vor 80 Jahren eine kleine Sensation: Jeder bestaunte die technische Neuerung namens „Heuer-Ampel" – ein würfelförmiges Gebilde, das, mit Drahtseilen verspannt, über der Kreuzung hing. Die innen beleuchtete Zeigerampel hatte für jede Fahrtrichtung rote und grüne Kreissegmente, wobei die Ampelphasen mit einem weißen Zeiger dargestellt wurden. Die Heuer-Ampel löste den Verkehrspolizisten („Schupo") mit der Kelle und der Trillerpfeife ab. Zebrastreifen gab es noch nicht. Absperrketten aus Metall sorgten vor dem Krieg dafür, dass die Fußgänger Abstand zur stark befahrenen Kreuzung wahrten.

Von der heutigen Bebauung rund um die Drehscheibe erinnert nichts mehr an die Zeit vor dem Zweiten Weltkrieg. Das Spielwarengeschäft Röl, das Wertheim-Haus, die Kortumschänke und das Konzert-Café Corso mit seinen großen Sälen in der ersten Etage – alles Vergangenheit. Heute ist die Drehscheibe eingebettet in den weitläufigen Bongard-Boulevard; ein Einkaufszentrum namens Drehscheibe greift die Geschichte der Örtlichkeit auf.

Gleichwohl ist die Drehscheibe bis heute ein Angelpunkt in der Bochumer City geblieben. Die Stadtbahn-Stationen und die Bushaltestellen sorgen wegen des starken Publikumverkehrs für eine stetige Belebung, die Kortumstraße ist nach wie vor die am meisten begangene Einkaufsstraße der Stadt. Und auch brandneue Gastronomiebetriebe wie „Starbucks" sorgen dafür, dass in Zukunft auf der Bochumer Drehscheibe das urbane Leben in Bewegung bleibt.

Rasanter Antritt im Beton-Oval

Wenn man sich auf die Spurensuche nach der alten Bochumer Radrennbahn begibt, dann findet man heute, über 30 Jahre nach ihrem Abriss, nur noch ganz wenige Hinweise. Der Bereich an der Hattinger Straße gegenüber dem Lokal „Deutsches Eck", dort, wo die beiden VBW-Hochhäuser stehen, ist das Gelände der ehemaligen Bahn gewesen. Die Bruchsteinmauer neben dem Fußweg an der östlichen Seite der Hattinger Straße war Teil der Anlage. Ansonsten ist auf der Friedrikastraße, gleich neben der Straßeneinmündung, nur noch eine kopfsteingepflasterte Auffahrt erhalten. Sie führte einst zum Haupteingang; über diese Auffahrt wurden die Räder und Motorräder aufs Gelände der Bahn geschafft. Dahinter erstreckte sich der flache Eingangstrakt mit seinen charakteristischen Satteldächern und den runden Fensterluken.

Blick auf den Haupteingang der Radrennbahn an der Kreuzung Hattinger/Friederikastraße.

Dass es früher diese Radrennbahn auf der alten Ortsgrenze Bochum/Weitmar gegeben hat, ist in Bochum heute noch allgemein bekannt. Aber nur die wenigsten wissen, dass jene Sportanlage zwischen Friederika- und Kulmer Straße nicht die einzige und erste ihrer Art war. Tatsächlich gab es lange vorher schon, zwischen 1889 und 1904, eine Rennbahn an der Freudenbergstraße in Hamme, nördlich der B 1. Eine zweite Bahn, die nahe dem Wiesental errichtet wurde, lag in besagtem Dreieck zwischen Hattinger, Friederika- und Kulmer Straße. Sie wurde 1924 eröffnet, war aber schon 1929 erneuerungsbedürftig. Deshalb machte sie für einen Neubau an derselben Stelle Platz. Diese dritte Bahn mit ihren 46-Grad-Steilkurven existierte dann bis 1963.

In seinem Buch „Lohmann, Hasselberg & Co." hat der langjährige Leiter der hiesigen VHS, Dr. Ernst-Albrecht Plieg, die „Geschichte des Bochumer Radsports zwischen

1889 und 1963" erstmals umfassend dokumentiert. Dem bemerkenswerten Werk entnimmt man, dass lange vor dem Zweiten Weltkrieg, und noch bis in die 1950er Jahre hinein, in Bochum hochkarätige Rad- und Steherrennen zu erleben waren, die die Elite des Radsports jener Jahre versammelten. Walter Rütte, Gustav Kilian, Erich Metze, Werner Ilse und Heinz Hasselberg sind Namen, die den Radsport-Fans auch heute noch etwas sagen.

Und natürlich der Name Walter Lohmann, Bochums berühmtester Sportler (1891–1993). Der Ausnahmefahrer, der Weltmeister und zehnfacher Deutscher Meister war, fuhr noch mit 45 Jahren zwei Weltrekorde ein, die bis heute nicht überboten wurden. Das war am 22. Oktober 1955, als Lohmann am späten Abend auf der noch regennassen Stadionbahn in Wuppertal-Elberfeld zunächst den Stunden-Weltrekord für Steher erreichte (er war in 60 Minuten

In den 1950er Jahren war die Bahn ein Publikumsmagnet. Vor allem die Steherrennen stießen auf großes Interesse.

94,016 Kilometer gefahren) und dann, einmal in Schwung, auch noch die 100-km-Marke in neuer weltbester Rekordzeit von 1:03:10 Stunden knackte.

Der Bochumer Junge Lohmann wurde in seiner Heimatstadt natürlich besonders verehrt. So heißt es über ein Rennen im Juli 1956: „Viele der über 6000 Zuschauer waren gekommen, um Walter Lohmann erstmals nach seinen Wuppertaler Weltrekordfahrten auf der Heimatbahn kämpfen und siegen zu sehen. Alle Rechenexempel waren aber fehl am Platze! Der Bochumer Meisterfahrer war zum Leidwesen der Tausende ausgerechnet im Rennen vor der eigenen Haustür völlig außer Form!", liest man in Pliegs Buch.

Bis Ende der 1950er Jahre hatte das Beton-Oval eine gute Zeit, doch läutete das Totenglöcklein bereits. Anfang der 1960er Jahre war die Anlage baufällig, ihr Standort am Krankenhaus Bergmannsheil und am Naherholungsgebiet Wiesental galt auf einmal wegen der lauten Steherrennen als „ungünstig". Überdies war der Radsport mittlerweile von anderen Sportarten in der Publikumsgunst überholt worden. Mit nur zwei bis drei Radrennen pro Jahr war die Anlage 1963 und 1964 jedenfalls alles andere als ausgelastet.

So schrieb man die Bahn, die im Besitz der Stadt war, ab. Auch als Freizeitstätte mit Minigolfplatz und Rollschuhparcours hatte sie keine Zukunft mehr. „Von der einstigen Radsporthochburg stand in den letzten Jahren nur noch eine Ruine. In dieser Woche verschwindet auch dieser Rest. Dann gibt es die Rennbahn, die in ihren Glanzzeiten 12 000 Menschen gefüllt haben, nicht mehr. Das Grundstück wird Bauland", notierte die WAZ am 1. Februar 1977. Die stadteigene Wohnungsbaugesellschaft VBW errichtete dort schließlich zwei sieben- und 13-geschossige Hochhäuser, die man heute noch bewundern kann, wenn man auf den kleinen Wegen zwischen den Wohntürmen am Wiesental spazieren geht.

Als Vatta noch auf Zeche ging

Bis in die 1970er Jahre hinein war auch in Bochum das „Leben vorm Pütt" für die allermeisten Familien Normalität. Die Männer machten in 800, 900 Metern Teufe Kohle, aber die Familien bekamen vom Arbeitsplatz der Bergleute nicht viel mit. „Keine Frauen auf dem Pütt!" lautete die offenbar unumstößliche Losung; von Kindern natürlich ganz zu schweigen.

Das Einzige, was die Familie und die Verwandten der Kumpel mit deren Arbeitsplatz verband, waren die hoch aufschießenden Übertage-Anlagen der Zechen, die alle anders aussahen und sich doch glichen. Da waren die hohen, stählernen Fördertürme, auf denen sich bei Tag und Nacht flink die großen Speichenräder drehten, da waren die Kamine der Kesselhäuser (die „drei großen Herren" nannte man sie auf Zeche Lothringen in Gerthe), an denen Tag und Nacht eine schwarze Rauchfahne hing. Da waren das Rauschen der Förderseile, das man beständig hörte, und die geschäftigen Geräusche vom Zechenplatz, das Poltern der Holzstempel, wenn sie verladen wurden, das Knistern der Schweißbrenner, das Scheppern der stählernen Loren. Nicht zu vergessen der Pfiff der Lokomotive, die auf dem Zechenbahnhof rangierte, mit den rostroten, hoch und schwarz mit Kohle beladenen Waggons. An den Bahnübergängen, die damals überall die Stadt durchschnitten, konnte man den Zügen vor der geschlossenen rot-weißen Bahnschranke hinterherblicken. Es war üblich, die vorüberpolternden Waggons zu zählen: 28, 29, 30 …

So gut wie jeder Stadtteil hatte seine angestammte Schachtanlage, seine „Hauszeche", wie die Leute sagten. Die Bochumer Zechen hießen „Lothringen" in Gerthe, „Prinz Regent" in Weitmar, „Robert Müser" in Werne, „Präsident" in Hamme, „Hannover" in Hordel, „Hannibal" in Hofstede, „Constantin der Große" in Riemke/Grumme, „Mansfeld" und „Bruchstraße" in Langendreer, „Dannenbaum" in Laer... Wer kennt noch die Namen, zählt noch die Schächte, die einst offen und lebendig und heute bis auf ganz wenige alle verfüllt sind?

Mit Broschüren wie dieser wurde in den 1950er Jahren auf den Bergwerken für Arbeitssicherheit geworben.

Kumpel beim „Buttern" unter Tage im Streb. Gut zu erkennen sind die Türstöcke in Holzausbau und die Grubenlampen, das „Geleucht".

Mit den Bergwerken einher ging die besondere soziale Struktur des Ruhrgebiets. In den Kolonien, die mit den Schachtanlagen entstanden waren, gab es meist einen Konsum-Laden oder ein Lebensmittelgeschäft („Tante Emma"-Laden oder einfach nur „Konsum" genannt). Es gab dort immer viele Kinder, und überall standen Blumenkästen auf den Fensterbänken. Besonders erinnert man sich an den Klüngelskerl, der alle paar Wochen mit seinem Pferdewagen vorbei kam, um Schrott und Alteisen einzusammeln. Es gab Bürgersteige, die nicht mit Platten gepflastert, sondern mit Asche gestreut waren, und Taubenschwärme, die um die Dächer flatterten. Viele Kumpel waren Taubenväter, und nichts ist den Kindern der 1950er und 1960er Jahre so sehr im Gedächtnis geblieben, wie die Taubenschwärme, die um die Fördertürme kreisten, wobei die Schwingen der Vögel silbern in der Sonne glänzten.

Diese Zeiten, die wir heute „die alten Zeiten" des Reviers nennen, sollte man nicht verklären, sie waren auf ihre Weise anstrengend und alltäglich. Aber es stimmt auch, dass Nachbarschaft und Kameradschaft damals noch eine andere Rolle spielten als heute. Das enge Leben in der Zechen-Kolonie brachte es mit sich, dass man Freud und Leid eher zu teilen bereit war; Taufen und Hochzeiten ebenso wie die Trauerfeiern angesichts der Grubenunglücke, die immer wieder ihren Blutzoll unter den Kumpels forderten. Die Arbeit unter Tage war gefährlich, der Kohleabbau in den kaum meterhohen, oft steil gelagerten Flözen eine Knochenarbeit. Das Geld war trotz vergleichsweise guter Bezahlung meistens knapp. Montags kamen die Reste vom Sonntagsessen auf den Tisch, donnerstags gab's Königsberger Klopse, samstags Graupensuppe, und nur sonntags „richtig" Fleisch, Schweinebraten oder Rouladen.

Die Zeche Dannenbaum in Laer. Das Bergwerk wurde Anfang der 1960er Jahre geschlossen. Auf dem Gelände entstand der Neubau des Opel-Werks.

Das Leben hatte aber seine schönen Seiten. Es war ein einfaches Leben, aber wir kannten nichts anderes und waren zufrieden: Wenn am Wochenende in der Zinkwanne gebadet wurde. Wenn die Männer abends im Garten hinterm Haus im Unterhemd und Trainingshose ihren Skat kloppten. Wenn wir sonntags zum Fußballgucken auf die Vorstadtplätze fuhren. Wenn die Frauen sich zum Kaffeeklatsch trafen und wir „Kröten" in Lederhose, Strickpullover, Wollrock und Kniestrümpfen auf dem Tretroller die Welt eroberten.

Eine Mutprobe für jeden Jungen war es, über die Zechenmauer zu klettern, die Sachen abzuwerfen und sich unter die „Duschen" zu stellen, die unter den riesenhaften, schwarzen Holz-Kühltürmen rauschten – wohl wissend, dass der Platzwärter mit dem Schäferhund Streife ging.

Jede Kolonie hatte ihre eigene Stimmung und eigenen Gesetze. Wer sich als Jugendlicher in einen anderen Ortsteil mit einem anderen Pütt „verlief", riskierte in jedem Fall „Kloppe".

Längst ist das alles Schnee von gestern, der Bochumer Bergbau ist genauso vorbei wie das Leben vorm Pütt. Technik und Wissen von früher kann man heute im Bochumer Bergbaumuseum nachspüren. Dort erfährt man zum Beispiel, dass Bochum eine der Wiegen des Ruhrbergbaus war. Schon im 17. Jahrhundert sind nahe der Ruhr Anfänge der bergmännischen Kohlegewinnung im Stollenbau nachgewiesen. Bereits 1738 war in Bochum das Märkische Bergamt gegründet und schon 1800 der erste seigere (= senkrechte) Schacht an der Ruhr niedergebracht worden (auf Zeche Vollmond bei Langendreer).

Über 20 Zechen zählte die Stadt noch nach dem Zweiten Weltkrieg. 1956 herrschte im Ruhrbergbau das letzte Mal Hochkonjunktur, dann ging es rapide bergab. Ab der Kohlenkrise 1958 verlor die Stadt Bochum innerhalb von drei Jahren fünf Großschachtanlagen, u.a. die Zechen Dannenbaum und Bruchstraße, die den Opel-Werken weichen sollten. Mit der Schließung von Hannover/Hannibal endet 1973 die über 250-jährige Bochumer Bergbaugeschichte. Das sind die Fakten.

Doch wie es wirklich war, das Leben vorm Pütt, werden die Nachgeborenen niemals wirklich verstehen. Und erst recht nicht, wie man einst als Bochumer Jungen schon beim Geruch von Kohlen- oder Kokereirauch Heimweh bekommen konnte.

Der Kaiser auf Lothringen

An einem drückend heißen Donnerstag, dem 8. August des Jahres 1912, verbreitete sich morgens in Gerthe die Nachricht, dass auf Lothringen ein Unglück geschehen sei. Das Heulen der Sirene und das Alarmieren der Rettungsmannschaften brachten bald Gewissheit. Sichtbar für alle ging dann mittags über dem Schacht 2 die schwarze Fahne hoch und blieb auf Halbmast. Vor dem Zechentor drängten sich die Angehörigen der eingefahrenen Kumpel. Was war geschehen? Gab es Tote? Verletzte? Ist mein Mann, Vater, Bruder, Schwiegersohn, Onkel unter den Kumpeln, die zur Frühschicht eingefahren und nicht mehr lebend zurückgekommen waren?

Unsicherheit und Verzweiflung machten sich breit, bis aus der bedrohlichen Befürchtung grausame Wahrheit geworden war. Ganz Gerthe trauerte, als die ersten Wagen mit der verdeckten Last – den Särgen mit den toten Kumpeln – am Nachmittag des Tages vorüberrollten. Was war geschehen?

Den auf Schacht I/II über Tage beschäftigten Leuten war morgens kurz vor halb zehn dunkelbraun gefärbter Rauch aufgefallen, der einer Ausblaseöffnung des Ventilators am Schacht II entströmte. Auf die telefonische Anfrage eines Grubenbeamten von der Schachthängebank wurde vom Füllort der III. Sohle gemeldet, dass soeben ein starker Luftstoß vom Hauptquerschlag her zu spüren gewesen sei – und dass sich dichter Qualm aus der gleichen Richtung heranwälze. Diese Nachricht kam von einigen mit Reparaturarbeiten in der Nähe der Hauptförderschächte beschäftigten Bergleuten, denen es gerade noch gelungen war, sich durch die eisernen Wettertüren aus den giftigen Explosionsschwaden heraus zu retten. Kurz darauf wurde die Nachricht von unter Tage durch den Betriebsführer Lins bestätigt. Er war nur mit knapper Not dem Tode entronnen.

In 350 Metern Teufe waren im Querschlag der 4. Abteilung durch Dynamitschuss Schlagwetter explodiert. Grubengas hatte sich durch Funkenflug entzündet und den in der Grubenluft hängenden Kohlenstaub entzündet – mithin war das eingetreten, was alle Bergleute am meisten fürchten: schlagende Wetter, Feuer unter Tage. Durch die verheerende Explosion waren die Strecke und ein Wetterschacht zu Bruch gegangen. Das Feuer erschwerte der Grubenwehr die Rettungsarbeiten. Was auf Lothringen geschah, war das folgenschwerste Ereignis, das den deutschen Bergbau seit der Katastrophe auf Zeche Radbod in Bockum-Hövel 1908 heimgesucht hatte.

Zunächst war das gesamte Ausmaß des Unglücks gar nicht abzusehen gewesen. Die ersten Meldungen sprachen von drei Toten, sieben Verletzten und 50 Gefährdeten. Bis 18 Uhr war die Zahl der Toten auf 61 emporgeschnellt; bis 22 Uhr hatte man 103 tote Bergleute gefunden. Am Ende der Rettungsarbeiten waren 119 Tote zu beklagen, dazu 89 schwer- und leicht verletzte Männer.

Eine Welle der Sorge und des Mitgefühls rollte nach Bekanntwerden des Unglücks, das durch Extrablätter der Zeitungen verbreitet wurde, durch die Stadt. „Vor dem Zechentor war ein dickes Seil gespannt, hinter dem Gendarmen eine Kette bildeten", hieß es in der örtlichen Presse. In der Lampenstube auf Lothringen war der Verbandssaal eingerichtet worden. Rettungstrupps auch benachbarter Zechen kämpfen sich in die zwei zerstörten untertägigen Reviere vor, durch Gas-Schwaden und immer wieder aufflackernde Brände. Die Seilfahrt brachte immer neue Opfer ans Tageslicht.

Während die Fahnen in Bochum und Gerthe auf Halbmast wehten, begrüßten 30 Kilometer weiter westlich in

Essen Salutschüsse Kaiser Wilhelm II. Er besuchte anlässlich des 100-jährigen Jubiläums die Krupp-Werke. Als der Kaiser vom Unglück auf Zeche Lothringen hörte, brach er die Feierlichkeiten ab und fuhr am Freitagnachmittag, dem 9. August 1912, in großer Begleitung nach Gerthe. Ein Gemälde, das heute im Deutschen Bergbaumuseum Bochum hängt, zeigt den Monarchen mit den Werksdirektoren und den Rettungsmannschaften vor der Schachthalle von Schacht I. Der Kaiser – gleichzeitig „Oberster Bergherr" im Deutschen Reich – spendete sofort als Grundlage für einen Unterstützungsfonds, der später rasch wuchs und jahrelang wohltuend wirkte, 15 000 Goldmark. Das Unglück erregte durch die Präsenz des Monarchen eine außergewöhnliche Aufmerksamkeit im In- und Ausland. Während die sozialdemokratische Zeitschrift „Vorwärts" der Zechenleitung mangelnde Sicherheitsvorkehrungen vorwarf, kam das Oberbergamt nach Abschluss seiner Untersuchungen zu dem Ergebnis, dass die Belegschaft vor Ort fahrlässig gehandelt habe.

Am 12. August erfolgte nach einem stundenlangen Trauerzug vor 200 000 Menschen die Beerdigung durch den Erzbischof von Paderborn auf dem Gerther Friedhof an der Kirchharpener Straße. 99 Opfer wurden in zwei Reihen in Massengräbern beigesetzt, die übrigen Toten in ihren Heimatgemeinden. Der Platz wurde so gewählt, dass die Mittelachse des Friedhofs auf das Grab zuführte. Zum Andenken an die verunglückten Kumpel wurde später ein Gedenkstein in Form einer bronzenen Bergmannsfigur aufgestellt.

Wo Kortum seinen Klaren trank

Wenn man durch Bochum spaziert, dann fällt einem vielleicht auf, dass die Gestaltung der Innenstadt einem ganz eigenen, bestimmten Stil folgt. Drei- bis viergeschossige Bauten präsentieren sich als verdichtete Wohn- und Geschäftsbebauung. Die allermeisten dieser in den 1950er und 1960er Jahren angelegten Gebäude der neuen Bochumer Innenstadt haben Flachdächer. Das Aussehen der Stadt folgt damit dem Ideal der Wiederaufbau-Moderne nach dem verheerenden Zweiten Weltkrieg. Die Vernichtung von Bausubstanz durch den Bombenkrieg wurde damals als Chance gesehen, sich nun vollständig vom „Alten" oder „Überkommenen" zu lösen, eine neue Stadt zu bauen, fußend nicht mehr auf Militarismus, sondern auf Bürgerfreundlichkeit und damit nicht zuletzt auf neuen demokratischen Strukturen. Da das Geld knapp war, dürfte die Überlegungen, fortan nur schlicht bauen zu wollen, zusätzlich befördert haben.

Tatsächlich waren dann in den 1950er und 1960er Jahren auch noch die letzten Reste des historischen Bochumer Stadtkerns, die den Krieg überlebt hatten, im Zuge der Neuordnung niederlegt und abgerissen worden. Nur eine Handvoll Gebäude in der Innenstadt hat den Kahlschlag der Planer überlebt. Umso deutlich stechen die, die geblieben sind, ins Auge. Am deutlichsten vielleicht das Alte Brauhaus Rietkötter, das an der Großen Beckstraße erst die Bombennächte und dann die „Stadtsanierung" der Nachkriegsjahre überlebte.

Im Bereich des alten Bochumer Ortskerns ist das schmucke Fachwerkhaus mit den dunkelgrünen Läden eines der ältesten Gebäude überhaupt. Eine Altersbestimmung des hölzernen Dachstuhls ergab, dass der Bau schon 1756 existierte. Möglicherweise ist die an der Fassade angebrachte

Blick vom heutigen Gerberviertel auf das Alte Brauhaus Rieköt-
ter und die nach dem Krieg neu errichtete Brückstraße (links).
Das Foto stammt aus den frühen 1960er Jahren.

Jahreszahl 1777 das Gründungsjahr einer Brauerei, die hier bis 1943 betrieben wurde. Einiges spricht nach Erkenntnissen der Heimatforschung sogar dafür, dass das Rietkötter-Haus bereits im 17. Jahrhundert entstand und damals der Familie Ostermann gehörte. Das Fachwerkhaus gegenüber der Propsteikirche kam dann Anfang des 19. Jahrhunderts in den Besitz des Schankwirts Bernhard Dahm, der dort die Gaststätte „Dahm bei der Pumpe" eröffnete. 1865 wurde das Haus an den Braumeister Moritz Heinrich Fiege verkauft. Seine Witwe Amalie heiratete 1870 den aus Haltern stammenden Braumeister Theodor Rietkötter. Er baute das Anwesen zur damals modernsten Kleinbrauerei Bochums aus. Das Sudhaus mit seinen kupfernen Mischbottichen und die alte Schroterei waren bis in die Jahre vor dem Krieg erhalten. Von der Brückstraße führte neben dem Gebäude der enge, verwinkelte „Spitzberg" zur Grabenstraße hinauf.

Im Brauhaus Rietkötter trank der alte Kortebusch, Bochums letzter Kuhhirte, ebenso seinen Klaren wie Dr. Arnold Kortum. Alt-Bochumer Flachs war hier immer zu Hause: Von Mutter Rietkötter erzählten sich die Pohlbörger, sie habe die Restsumme für den Ankauf des Hauses in Säcken mit Pfennigen bezahlt. Heute ist das Alte Brauhaus Rietkötter eine gediegene Speisegaststätte, in der die Wirtsleute Sabine und Udo Rogge westfälische Spezialitäten „mit Pfiff" auftischen.

Verschollen im Bermudadreieck

Im Freiluft-Biergarten am Konrad-Adenauer-Platz, der in Bochum nur KAP genannt wird, bekommt man sommertags kein Bein auf die Erde. Auf der Kortumstraße zwischen KAP und Engelbert-Denkmal sieht es genauso aus. Feierfreudige Hundertschaften ziehen von einer Kneipe zur anderen. Um die sporadisch frei werdenden Freiluftsitze kebbelt sich das Fußvolk, das hier Runde um Runde flaniert. Cabrios kurven um den Block. Wer hier einmal an einem schönen Sommertag um Mitternacht gesessen und das eher an Barcelona denn an Bochum erinnernde urbane Leben inhaliert hat, weiß, was das Geheimnis des Bochumer Bermudadreiecks ausmacht. Und wer morgens um halb sechs im „Intershop" das letzte Glas eines langen Abends zu sich nahm, weiß spätestens beim Wachwerden am späten Mittag, dass man in diesem Dreieck tatsächlich verloren gehen kann. Das Bermudadreieck, das Bochumer Kneipenviertel, erstreckt sich auf rund zwei Kilometern Fläche der Innenstadt. Im Sommer kommen bis zu 30 000 Gäste pro Tag, bei Ereignissen wie dem Musikfestival „Bochum Total" sind es bis zu 150 000 täglich.

Vor einiger Zeit wurde in diesem fürs Ruhrgebiet singulären Amüsier- und Flanierviertel ein besonderes Jubiläum gefeiert. Das Lokal „Mandragora", 1977 im Stil eines damals schwer angesagten holländischen Coffeeshops eröffnet, wurde 30 Jahre alt. Das von allen nur „Mandra" genannte Lokal gilt als die Wurzel des Bermudadreiecks, aus der bis in die 1990er Jahre das Kneipenviertel erwuchs, so wie wir es heute kennen, mit seinen Geheimtipps und seinen überörtlich gefragten Läden wie dem „Café Sachs", dem „Three-Sixty", dem „Tucholsky" und dem „Zentral".

Viele haben seither für sich in Anspruch genommen, das Dreieck (mit)erfunden zu haben. Und vielleicht ist das

Ganze wirklich nur als Gemeinschaftsprojekt, zu dem inzwischen über 60 Gastro-Betriebe und 3000 Freisitzplätze zählen, denkbar. Die Stadt hat an dem Aufschwung dieses für das Ruhrgebiet untypischen, „lockeren" Quartiers ebenso Anteil wie Künstler, Einzelhändler, Musikveranstalter und Gastro-Investoren. Das Bermudadreieck mit seiner Eisenbahnbrücke, über die alle Viertelstunde der Vorortzug quietscht, ist ein farbenfroher Flickenteppich von Typen und Temperamenten, dessen Reiz gerade die Nicht-Uniformität ausmacht.

Unstrittig ist aber, dass die Entwicklung des Szeneviertels stark mit dem Namen Leo Bauer verbunden ist, dem Bochumer Kneipen-König. Irgendwie schaffte es Bauer seit den frühen 1970er Jahren immer wieder, Lokale aufzumachen, einzurichten und am Leben zu erhalten, die tatsächlich von der Kundschaft angenommen werden. Ganz unterschiedliche Gruppen wurden und werden von ihm bedient: Schicki-Mickis im längst vertrockneten „Treibhaus", Studenten im „Le Clochard" nahe der Ruhr-Uni, Alternativ-Publikum im „Mandragora", junges Szene-Volk in neueren Bauer-Läden wie dem „Freibeuter" oder dem „Barraquito".

Ganz früher hatte Leo Bauer Kneipen eröffnet, weil er „Bock" darauf hatte. „Inzwischen ist das mein Job", stellte er bereits 1988 fest. Denn das Geldverdienen funktioniert gut seit fast 40 Jahren, wobei Bauers unternehmerische Tätigkeit für Bochum Folgen hatte. Anfang der 1970er Jahre eröffnete er den „Treffpunkt", der 1977 zum erwähnten „Mandragora" mutierte. In den folgenden Jahren entwickelte Bauer das Konzept für seinen XXL-Biergarten, installierte die Musik-Bühne am Konrad-Adenauer-Platz, holte die Bochumer Symphoniker für kostenlose Open-Air-Konzerte ins Kneipenviertel. Andere findige Unternehmer, wie Frank Nokielski, Alex Schüler und Achim Hauschulz

Leo Bauer, Bochumer Großgastronom, gilt als Miterfinder des Kneipenviertels „Bermudadreieck".

von der Logos-Gastronomie-Gruppe vervollständigten die Palette der Discos, Bars und Kneipen um weitere Attraktionen.

Menschen und Musik, Caipirinha und Currywurst, Kultur und Kommerz waren und sind seither der Treibstoff, der die Bochumer Bermuda-Rakete immer wieder aufs Neue zündet. Der schwere Kopf nach einer langen, versumpften Nacht zwischen Engelbert und KAP, die tausende von Leuten, die die kleine Brüderstraße und den Mandra-Biergarten noch nachts um halb zwei beleben, die skurrilen Typen, die feschen Mädels, die standhaften Langzeitstudenten und die in jeder Disziplin (nicht nur politisch) beschlagenen, philosophierenden Nachteulen und „Thekenturner" – sie sind das Unterpfand des Bochumer Bermudadreiecks für die Zukunft. Der Rest ist ein bisschen Geschichte. Und noch mehr Legende.

Blick vom Bismarckturm

Hoch über dem Stadtpark thront der Bismarckturm. Ein beliebter Aussichtspunkt, der, zumal am Wochenende, von Klein und Groß genutzt wird. Hat man doch von oben, aus 34 Metern Höhe, einen wunderbaren Blick über die Bochumer Lande.

Weniger bekannt ist die Geschichte des aus hellem Hohensyburger Sandstein gemauerten Turms mit dem gemeißelten „Bismarck"-Schriftzug über der Tür, die naturgemäß aus solider deutscher Eiche gezimmert ist. Tatsächlich verkörpert der Turm Geschichte: Gewidmet ist er dem Reichskanzler Otto von Bismarck (1815–1898), der als Reichsgründer von anno 1871 überaus große nationale Verehrung genoss. Ende des 19./Anfang des 20. Jahrhunderts gab es in Deutschland einen regelrechten Bismarck-Kult: Nicht nur Schulen, Straßen, Plätze, Schlachtschiffe, Heringe, Bergwerke und Stadtteile wurden nach dem Alten aus dem Sachsenwald benannt, sondern zwischen 1869 und 1934 auch 238 Bismarcktürme zu seinen Ehren errichtet – und das nicht nur im Deutschen Reich. 170 dieser Turm-Denkmale stehen heute noch in Deutschland, Österreich, Frankreich, Tschechien, Russland und Polen, ja sogar im fernen Chile. Und natürlich im Ruhrgebiet. Aber der Bochumer Bismarckturm gilt als eines der prächtigsten Exemplare seiner Gattung überhaupt.

Im Juni 1908 hatte Stadtrat Otto Hünnebeck den Bau eines Bismarckturms angeregt, nachdem der Alt-Kanzler Bismarck bereits 1895 zum Bochumer Ehrenbürger ernannt worden war. Auf den vom Rat einberufenen Architektenwettbewerb gingen sagenhafte 650 Einsendungen ein. Man entschied sich nach langem Hin und Her für einen Entwurf mit dem sinnigen Namen „Der Riese", eingereicht vom Architekten Albert Friebe aus Breslau. 95 000 Reichsmark waren für die

Herstellung des Turms veranschlagt, das Geld sollte durch Spendensammlungen zusammenkommen. Als Standort für den Turm, mit dem die aufstrebende Großstadt Bochum auch nach außen Eindruck machen wollte, kam natürlich nicht irgendeine abgelegene Wiese in einem Vorort in Frage, sondern nur eine repräsentative, von überall her einsichtige Stelle. Schnell war dafür das ansteigende Gelände jenseits des neuen Teiches im Stadtpark ausgeguckt. Die Spenden aus Bismarck-freundlichen Kreisen, die übrigens nicht nur das Bochumer Bürgertum, sondern auch die Arbeiterschaft umfassten, flossen reichlich. Der Bau kam zügig voran. Am 16. Oktober 1910 wurde der Turm eingeweiht, mitsamt einer aufgesetzten riesigen gusseisernen Feuerschale, auf der fortan an ausgewählten Tagen eine Propangas-befeuerte Flamme loderte, die den nationalen Stolz symbolisierte. Und das natürlich nicht nur in Bochum. Vielmehr war eine einheitlich geplante Befeuerung aller Bismarcktürme („Flammen über dem ganzen Deutschen Reich zu Ehren des Kanzlers Bismarcks", hieß das damals) an bestimmten Tagen, etwa seinem Geburtstag am 1. April, vorgesehen. Doch am Ende war man reichsweit nicht im Stande, sich auf gemeinsame Termine zu einigen. Nur im Ruhrgebiet konnte man damals, so wird erzählt, am Bismarck-Geburtstag und am Jahrestag der Reichsgründung eine Lichterkette erkennen, da die Städte mit ihren Türmen so nah beieinander liegen. Die klotzige Feuerschale wurde 1988 vom Turmdach entfernt und ist in angerostetem Zustand neben dem Turm zu bewundern.

Nach seiner politischen Bedeutung im Kaiserreich und während der NS-Zeit hatte der Bismarckturm nach dem Krieg keine Zukunft mehr als Monument großdeutscher Denkart. Seine sozusagen geschichtliche Last geriet in Vergessenheit. Der Turm diente nur noch als Aussichtsturm ohne „ideellen Überbau", und auch das währte nur bis Anfang der 1980er Jahre. Dann war das 70 Jahre alte Bauwerk so vergammelt und marode, dass es für den Besucherverkehr gesperrt werden musste. Fast zwei Jahrzehnte stand er dann wuchtig im Blickfeld der Spaziergänger im Stadtpark, ohne noch wirklich wahrgenommen zu werden.

Das änderte sich glücklicherweise, als das Jahr 2001 nahte, und mit ihm die 125-Jahr-Feier des denkmalgeschützten Stadtparks, auf dessen höchstem Punkt der Bismarckturm sich in die Höhe reckt. Es wurde beschlossen, dem äußerlich und innerlich in die Jahre gekommenen „Riesen" eine „Frischzellen-Kur" zu verpassen. So geschah es auch: Nach der Sandstrahlreinigung und dem kompletten Innenraumumbau war der knapp 100 Jahre alte steinerne Schatz nicht wiederzuerkennen. Die Bochumer staunten und standen Schlange, um endlich wieder ihren Bismarckturm erklimmen zu können. So wurde die Enthüllung des mit weißen Tüchern verhangenen „neuen" Bismarckturms Ende Juni 2001 zum Höhepunkt des Stadtparkfests – auch für den damaligen Oberbürgermeister Ernst-Otto Stüber. „Das war eine Mutprobe", sagte er – noch wackelig auf den Beinen und blass –, als er wieder festen Boden unter den Füßen hatte. Kurz zuvor war der Stadtvater, obwohl ganz und gar nicht schwindelfrei, im Feuerwehrkorb des Hubwagens hoch hinauf an die Spitze des Turms gefahren und hatte per Reißleine die Stoffbahnen, die den Turm verbargen, gelöst. Der feierliche Akt war gleichzeitig der Startschuss für das zweite Leben des Bochumer Bismarckturms.

Über 149 Stufen gelangt man seit der Wiedereröffnung am 29. Juni 2001 über drei Etagen bis zur Aussichtsplattform. Hier erläutern Tafeln, wohin der Blick gerade schweift. An hellen Tagen sind die Arena Auf Schalke in Gelsenkirchen-Buer oder die Skyline der Essener Innenstadt problemlos zu erkennen. Weit schweift der Blick in die Runde, und man wundert sich immer wieder, wie grün es im Ruhrgebiet ist.

Der Bismarckturm thront als Wahrzeichen über dem Stadtpark. Nach der Renovierung ist er heute wieder ein beliebtes Ausflugsziel.

Butter, Blusen, Bimbo-Box

Viele Bochumer verbinden mit dem Kaufhaus Kortum unvergessene Einkaufserlebnisse in der Kindheit. Jeder in Bochum kennt das mitten in der Stadt gelegene Kortum-Haus – ein wuchtiger Sandstein-Bau mit zahlreichen Verzierungen und Ausschmückungen, der „richtig was her macht". Heute ist in dem denkmalgeschützten Haus der Elektro-Riese „Saturn" heimisch – und so umfassend das Angebot auch sein mag, so zahlreich die ausgestellten Artikel: Mit dem alten Kaufhaus Kortum kann sich der moderne Technik-Riese doch nicht messen. Denn bei Kortum konnte man damals schlichtweg „alles" kaufen – vom Prym-Druckknopf über lose Butter bis zum festlichen Smoking.

Die Erinnerungen an das Kaufhaus Kortum sind immer mit nostalgischen Gefühlen verbunden. Nach dem Krieg wiederaufgebaut, bestanden die damaligen Eingänge des Hauses aus Schwingtüren mit schweren Stoffvorhängen, die unten mit einer Lederborte abgesetzt waren, und als Wind- und Kälteschutz dienten. Die brausenden, warmluftbeheizten „Türluftschleier" kamen erst viel später auf; bis es soweit war, spielten die Kinder in den Stoffvorhängen gerne Verstecken, weil man sich darin so gut einwickeln konnte.

Beim Hineinkommen gewann man gleich den Eindruck, in einem Haus von Welt zu sein. Vier Stockwerke hoch ging der Blick nach oben, hinauf zu den Galerien der einzelnen Etagen. Die Balustraden waren stets geschmückt, im Frühling mit bunten Girlanden, zum Maiabendfest mit blau-weißen Bochumer Fähnchen, zu Weihnachten mit festlicher Tannenbaum-Deko. Der große Verkaufsraum im Erdgeschoss bestand aus einzelnen kleineren rechteckigen Verkaufstheken mit dem „Fräulein Verkäuferin", die mit

Rat und Tat gerne half. Jeder Verkaufsbereich verfügte über eine Registrierkasse. Das waren wuchtige Apparate aus Messing, die schon damals „antik" wirkten, aber noch ihren Dienst versahen. Die großen, schweren Drucktasten mit den Ziffern mussten kräftig nach unten gedrückt, die Handkurbel an der Seite der Kasse tüchtig gedreht werden, damit die Geldschublade aufsprang.

Im Parterre konnte man bei Kortum Wolle, Strick-nadeln, Garne und Stecknadeln bekommen. Die Kinder wühlten gerne in der losen Knopfkiste, weil das so schön raschelte, und die Mädchen konnten sich die Schleifen-bänder für ihre Zöpfe zentimeterweise kaufen. Unten gab es auch die Wäschetheken, an denen man stets persönlich bedient und beraten wurde. Niemand wäre auf die Idee gekommen, selbst in den Regalen und Auslagen zu wüh-

An die große hölzerne Freitreppe, die die einzelnen Etagen im Kaufhaus Kortum verband, können sich noch viele Bochumer erinnern.

len. Vielmehr legten die Verkäuferinnen „Leibwäsche" wie Unterröcke oder lange Unterhosen einzeln zum Zeigen auf den Glastisch, sortiert nach gefragter Größe und Material. Alles hatte seine Ordnung und seinen rechten Platz. In den frühen 1960er Jahren war es noch üblich, dass die Frauen ihre Nylonstrümpfe, wenn sie Laufmaschen gezogen hatten, bei Kortum in Reparatur gaben. Die Strümpfe wurden von einer geschickten Dame mit dem entsprechenden Gerät repariert. Das Auffangen einer Laufmasche kostete 10 Pfennig; es war spannend zu beobachten, wie der Strumpf über eine Art Stoffbock gezogen wurde und die Mitarbeiterin mit ruhiger Hand beim leisen Surren der Nadel die Laufmasche zusammenzog.

Auf der Grabenstraße gab es einen weiteren Eingang, durch den man direkt zu den Haushaltswaren gelangte. Von der Wäscheklammer über die Hanfleine und den Teppichklopfer bis zum Schrubber, Putzeimer und der großen Schere fand man dort alles. Ein Schwätzchen mit der Verkäuferin gehörte immer dazu.

Ein besonderes Erlebnis war die Fahrt mit dem Fahrstuhl. Die Fahrstühle neben der großen Freitreppe wurden natürlich von Fahrstuhlführern bedient. Das waren meist ältere Herren, die oft, wie wir sagten, „kriegsbeschädigt" waren. Einem steckte zum Beispiel der linke Ärmel lose in der Anzugtasche, ein anderer übte seine Tätigkeit im Sitzen aus, da ihm ein Bein fehlte. Die Fahrstühle hatten noch keine Drucktasten, sondern wurden per Handkurbel nach oben und unten bewegt. Die Fahrstuhlführer fragten die Kunden nach der gewünschten Etage und riefen auch lautstark die jeweiligen Stockwerke aus: „3. Stock: Glas, Porzellan, Erfrischungsraum!" – „4. Stock, Lebensmittel!"

Im Erfrischungsraum konnte man Kaffee und Kuchen bekommen, aber auch ein Paar Würstchen mit Brötchen und Senf. Eis gab's natürlich auch. Vor dem Eingang befand sich die Garderobe, wo ein „Fräulein" Mäntel, Jacken und Kinderanoraks in Empfang nahm. Der Raum selbst war noch wie zu Vorkriegszeiten eingerichtet, man saß gediegen auf grün und braun gepolsterten Stühlen mit geflochtenen Lehnen, umgeben von zeitgemäßem Inventar in „Nierentisch-Optik", und auf der Bühne spielte dann und wann eine Musikgruppe Schlager und Lieder mit Klavier, Standbass und Geige. Kurz vor dem abendlichen Ladenschluss um 18 Uhr ertönte stets die Weise „Auf Wiedersehen, auf Wiedersehen, bleib nicht zu lange fort...".

Zwei Dinge müssen unbedingt noch erwähnt werden, weil sie zum Kortum-Haus gehörten wie die Schmuckfiguren und der steinerne Zierat an der Fassade des wuchtigen Hauses: Das ist zum einen die Lebensmittelabteilung im 4. Stock. Jeder, der heute an Kortum denkt, hat als Erstes diesen „Laden" mit seinen Gerüchen und wunderbaren Auslagen vor Augen und im Sinn. Die Verkäuferinnen trugen Schürzen und auf dem Kopf kleine weiße Häubchen. Die meisten Lebensmittel erwarb man lose, wie Mehl, Zucker, Gebäck, Kaffee und Butter. Die Portionen wurden von Hand in Tüten gefüllt und abgewogen. Die großen, dreieckigen „Bizerba"-Waagen mit dem schlanken, schwarzen Zeiger sind unvergesslich. Es gab klotzige Butterfässer und -blöcke. Es gab Tonnen, in denen dicke, grüne Gewürzgurken schwammen, und eine Süßwarentheke mit den tollsten Sachen, zum Beispiel 100 Gramm Katjes lose in der spitzen Tüte für 35 Pfennig. In der Wurstabteilung erhielt jedes Kind seine Scheibe Fleischwurst beim Einkauf. Im hinteren Bereich der Lebensmittelabteilung fand sich die hell gekachelte Milchbar, wo man eine frisch zubereitete Bananenmilch für 20 Pfennig bestellen konnte. Einfach lecker! Das andere Wunderbare bei Kortum war die Spielwarenabteilung. Hinter Glas standen die Märklin-Eisenbahnen und die kleinen Waggons, die alle Jungen bewunderten, ohne je die Hoffnung zu haben, selbst eines dieser Schätze kaufen zu können. Auch die Regale mit den Steiff-Plüschtieren waren immer einen Besuch wert. Und, nicht zu vergessen, natürlich die Bimbo-Box: Eine Art Musikbox, in der hinter Glas Plüsch-Affen in einem tropischen Urwald mit ihren Musikinstrumenten standen, eine Trommel, eine Klarinette, zwei Tschinellen. Warf man 10 Pfennig in die Bimbo-Box, legten die Plüsch-Affen mit einer rustikalen Rumba los, deren schwungvolle Melodie jeder noch im Ohr hat, der den plüschigen Musikanten staunend zugesehen und zugehört hat.

Teilschuldverschreibung der Kaufhaus Kortum AG von 1933. Sie bot die Möglichkeit, ohne Zwischenschaltung eines Kreditinstitutes die Kortum-Anteilscheine breit zu streuen.

Ein florierender Erwebszweig

Auch wenn sicher noch nicht jeder dort war, kennt man in Bochum den Namen „Im Winkel". In der Straße Im Winkel befindet sich das gleichnamige Bordell. Nahe der Innenstadt und noch näher an den ehemaligen Stahlwerksanlagen des Bochumer Vereins gelegen, herrscht dort, am früheren Bahnhof „Bochum Gussstahl", nach wie vor reger „Verkehr" – zumal an den Wochenenden, wenn die Im Winkel gemeldeten 200 Huren auf ihre Freier warten.

Bis vor einiger Zeit war nur wenig darüber bekannt, wie die Geschichte der Prostitution in Bochum überhaupt angefangen hat. Und dass zum Beispiel besagter berühmt-berüchtigter „Winkel" gar nicht das erste Bochumer Rotlichtviertel war. Die Forschungslücke zum Thema „Prostitution in Bochum" hat der Heimatforscher Hans Joachim Kreppke geschlossen. Der ehemalige Frisörmeister und Hobby-Geschichtsgelehrte hatte sich über Jahre im Stadtarchiv vergraben; eigentlich, um durch das Blättern in den vergilbten Folianten alter Tageszeitungen und Wochenblätter der gleichsam bisher unerforschten Historie der Bochumer Gaststätten auf die Spur zu kommen. „Aber man liest natürlich auch immer rechts und links mit", räumt Kreppke ein.

Beim Durchstöbern der Bände des „Märkischen Sprechers" stolperte Kreppke eines schönen Tages über die Nachricht, die Stadt plane, „einen geregelten Bordellbetrieb in unmittelbarer Nähe der Innenstadt zuzulassen". Das war 1912. Das Dirnen-Quartier sollte vom damaligen Stadtrand nahezu ins Zentrum verlegt werden – zur Maarbrücker Straße, die damals noch bis zur Christuskirche verlief und heute Gussstahlstraße heißt. Von ihr zweigt der bereits erwähnte „Winkel" ab.

Freilich hieß die Prostitution zu Kaisers Zeiten noch nicht so, was aber nichts daran änderte, dass „Gewerbs- unzucht", wie Kreppke ebenfalls herausfand, in Bochum offenbar seit je ein „auffallend florierender Erwerbs- zweig" gewesen war. Neben einer behördlich sanktio- nierten Prostitution in überschaubarer Größe gab es um die Jahrhundertwende nämlich entschieden mehr frei arbeitende Frauen. Das Anwerben der Freier, Arbeiter zu- meist, fand auf Straßen und Plätzen, in bestimmten Gast- stätten und am alten Hauptbahnhof im Süden der Innen- stadt statt. Nachdem die Eisenbahn anno 1860 Bochum erreicht hatte, setzte dort ein regelrechter Sextourismus ein: „Jeden Samstagabend und Sonntagnachmittag bringt die Eisenbahn eine ausreichende Zahl der ,Dämchen' auf den Bahnhof, woselbst hunderte(!) von Mannspersonen sie in Empfang nehmen", liest man in einer zeitgenössi- schen Chronik. Als Kundschaft hatten die Frauen die ste- tig wachsende Industriearbeiterschaft erst im Blick und dann im Bett.

Um dem unter anderem von einem „Verein zur Be- kämpfung der öffentlichen Unsittlichkeit" als „liederlich" verschrienem Treiben Einhalt zu gebieten, hatte die Stadt 1904 die Einrichtung eines geregelten Bordellbetriebes im eben eingemeindeten Vorort Hamme verordnet. Weitab vom Stadtzentrum, gab es dort mindestens acht Freuden- häuser entlang der Bahngleise an der Kurzen Straße, fand Kreppke heraus (die Straße nahe dem Bahnhof Präsident gibt es übrigens heute noch – die Sophienstraße).

Allerdings existierte dieser schlecht beleuchtete und schlecht zu kontrollierende erste Bochumer Sperrbezirk keine zehn Jahre. Gleich nach Anrollen des Sex-Betriebs an der Kurzen Straße war es im Viertel gegenüber der Ze- che Präsident immer wieder zu unschönen nächtlichen

Szenen mit Schlägereien und Messerstechereien gekommen. Solche, wie es hieß, „erheblichen Verwerfungen" ließen bis 1912 bei Stadt und Polizei die Überlegung reifen, das Bordell zu verlegen, um es besser kontrollieren und die „Ordnung aufrecht erhalten" zu können.

Diese lange geheim gehaltene Umsiedlung war, als sie ruchbar wurde, in der eher prüden und zugeknöpften Kaiserzeit voller gesellschaftlicher Konventionen und einem Hang zur militärischen Etikette natürlich ein Skandalthema. Gleichwohl wurde es breit diskutiert, wobei die Kurze Straße öffentlich nur „K.-Straße" genannt werden durfte. Die Anlieger der Maarbrücker Straße gründeten sogar einen Verein, um das vorgesehene Bordell in ihrer Nachbarschaft zu verhindern. Vergeblich.

Bis heute, fast 100 Jahre nach seinem Umzug, behauptet sich der Bochumer „Puff'", wie der Volksmund das Bordell nennt, nur einen Steinwurf von der Innenstadt und der Christuskirche entfernt. Dem ältesten Gewerbe der Welt geht halt nie die Kundschaft aus.

Als Bochum ein Licht aufging

Dass in Bochum wie in jeder anderen Stadt am Abend die Straßenlaternen angehen, ist für uns heute eine Selbstverständlichkeit. Und doch ist die umfassende nächtliche Beleuchtung der Straßen und Plätze eine vergleichsweise junge Erfindung. In Bochum reicht sie gerade einmal eineinhalb Jahrhunderte zurück.

Am 13. April 1855 schlug nämlich die Geburtsstunde der Stadtwerke. Damals wurde durch die Gründung einer eigenen Gesellschaft die Versorgung Bochums mit Gas beschlossen. Bereits am 28. Januar 1856 brannten erstmals in der Stadtgeschichte Gaslaternen in einigen Straßen. Produziert wurde der Brennstoff in einer eigens errichteten Gasanstalt, die sich etwas außerhalb des alten Stadtkerns am heutigen Ostring befand. Allerdings löschte man die neumodischen Gaslaternen – wie zuvor die Öllaternen in den Gassen – aus Kostengründen weiterhin bei Mondschein.

Man macht sich heute wohl kein Bild mehr davon, wie trübe das Licht dieser frühen Straßenlaternen gewesen sein muss. Schon gar nicht standen sie, wie die Straßenbeleuchtung heutzutage, in einer Reihe an den Bürgersteigen. Die ersten Straßenlaternen im alten Bochum hingen nur an bestimmten Häuserecken. Und doch war das schummerige Licht, das nun Abend für Abend die nächtlichen Straßen erhellte, Mitte des 19. Jahrhunderts eine technische Sensation. Denn es bedeutete das Ende der Handlaternen und Fackeln, mit denen die Wege seit dem Mittelalter erleuchtet worden waren – und die wegen ihrer offenen oder nur unzureichend verdeckten Flamme immer die Gefahr in sich bargen, durch Unfälle oder Unachtsamkeit eine Feuersbrunst auszulösen. Dazu kam die Erkenntnis, dass Städte mit Gasbeleuchtung als modern und fortschrittlich galten. Und welche Stadt wollte sich schon sagen lassen, dass sie rückständig sei? Bochum sicher nicht – schließlich war seit den 1840/50er Jahren die Industrie mit Macht in das alte Ackerbürgerstädtchen gezogen. Die ersten Großzechen wurden abgeteuft (wie Zeche Präsident 1855) und der Bochumer Verein mit seinen Gussstahlprodukten galt als aufstrebender Betrieb, als „innovatives Unternehmen", wie wir heute sagen würden.

Verfolgt man die Entstehungsgeschichte der Bochumer Stadtwerke, so lässt sich daran immer auch das fortschreitende Werden einer Großstadt nachvollziehen – über die Gasanstalt und die Einrichtung einer kommunalen Wasserversorgung bzw. Entwässerung bis zum Ausbau des Stromnetzes. Solche Infrastrukturen zu schaffen, um das stetige Bevölkerungswachstum und das ebenso stetige Ausbreiten der Industrie überhaupt erst zu ermöglichen, war im 19. Jahrhundert eine der vordringlichsten Aufgaben für jede Gemeinde an der Ruhr. Die Bereitstellung von Energie (Licht), Wasser und später Strom wurde in Bochum zügig umgesetzt.

Der historische Wasserspeicher an der Kemnader Straße in Stiepel wird heute noch von den Stadtwerken genutzt.

Das 1953 errichtete Stadtwerkehaus an der Massenbergstraße wurde wegen seiner leuchtenden Fassade auch „Beamten-Aquarium" genannt.

So war das generelle Geschäftsfeld der Stadtwerke, das auch heute noch „bestellt" wird, in seinen Grundzügen zum Ende des 19. Jahrhunderts weitgehend erschlossen. Damals firmierten die Stadtwerke als „Städtische Beleuchtungs- und Wasserwerke" und gaben damit auch nach außen ihrer verantwortungsvollen Aufgabe innerhalb der aufstrebenden Industriestadt Bochum einen Namen.

Wechselvoll wie die Zeiten, gestaltete sich die Geschichte des Unternehmens. Nach dem Ersten Weltkrieg war besonders die Zeit der Ruhrbesetzung kritisch. Die Ankündigung der Franzosen, Koks abzutransportieren, veranlasste

Ende Juli 1923 die Kumpel auf der Zeche Hannover, die Arbeit niederzulegen. Bis zum 11. November ruhte damit auch die Gasversorgung, weil zur Erzeugung des Brenn- und Heizstoffes natürlich die Kohle das Ausgangsprodukt war. Sie wurde in den Gaswerken, etwa in Weitmar abseits der Holtbrügge verbrannt und das gewonnene Gas in riesigen Gasometern zwischengelagert. Diese gigantischen „Blechdosen" bestimmten noch bis in die 1970er Jahre das Bochumer Stadtbild. Neben dem Großgasometer in Weitmar ist vor allem noch der Gasspeicher an der B 1 in Stahlhausen in Erinnerung. Aus Richtung Essen kommend, grüßte der grüne Gasometer die Heimkehrenden – nächste Ausfahrt: Bochum!

Zurück zur Ruhrbesetzung der 1920er Jahre. Für das gebeutelte Nachkriegs-Bochum bedeutete der Zugriff der Besatzungsmacht auf die Rohstoffe knapp dreieinhalb Monate kein Gas zum Heizen oder Kochen. Und natürlich kaum eine öffentliche Beleuchtung. Es waren, wie die Alten noch erzählten, wahrhaft „dunkle Zeiten" an der Ruhr.